孙子兵法全球行系列丛书

《孙子兵法》与社会生活

韩胜宝　主编

古吴轩出版社

中国·苏州

编委会

编委会主任
屈玲妮

编委会副主任
席逢春

顾问
姚有志　吴如嵩

主编
韩胜宝

编委
孙月霞　周昕艳　马　欣

卷首语

《孙子兵法》诞生于中国春秋晚期，是中国古代著名军事家孙武的经典之作。作为中国传统文化的优秀代表，它不仅影响了世界2500多年，更使中国人的智慧在全球散发出夺目的光彩。如今，关于《孙子兵法》的研究机构遍布全球，专业或业余研究人员数不胜数，形成了当代世界范围内的"孙武热"。

近年来，《孙子兵法》越来越受到中外政治家、军事家、思想家和企业家的重视，其蕴含的深刻思想和中国人的大智大慧，已融入了现代军事学、管理学、经济学、社会学、情报学、行为学之中。《孙子兵法》在全球应用之广、涉及领域之多、实用价值之高、成果之大，是无与伦比的。

由中国新闻社资深记者、苏州市相城区孙武研究会常务副会长韩胜宝先生主持的"孙子兵法全球行"，沿着《孙子兵法》的传播轨迹，足迹遍及五大洲66个国家和地区、100多个城市，行程数十万里，走访了上千个与兵学相关的学术研究机构、知名高等学府、知名企业及军事要塞、战争纪念场馆、文化中心、体育赛场，乃至街道社区，连续刊发600多篇稿件、1000多幅图片，从政治、军事、外交、商贸、文化、科技、情报、体育和社会生活等领域，全方位、多视角报道《孙子兵法》在全球的应用和影响。

"孙子兵法全球行"见证了孙武文化从苏州走向世界，也见证了孙武文化在全球的影响力。《孙子兵法》走向世界已有千年，翻译出版和传播应用涵盖世界各大洲。可以说，孙子文化誉满全球，是中华文化走出去最早也是最成功的案例。目前，全球有近40个国家语言文字、数千种《孙子兵法》的刊印本，可与全世界发行量和影响力极大的《圣经》媲美。

"孙子兵法全球行"作为一次文化之旅、传播之旅，受到了海内专家学者的认可：向世界介绍中国的优秀文化，在海内外双向传播孙武及其兵法的理论、学术和实践活动，进一步架起与世界沟通的桥梁，促进世界的和平与发展，这正是"孙子兵法全球行"的意义所在。

本系列丛书是面向大众的人文社科普及读物。用全球的视角诠释孙武，用世界的眼光解读兵法，真实再现了中华文明结晶如何走出国门、影响世界。

目 录

第一章　社会生活

孙子思想影响中国，也影响世界

　　数千年间，《孙子兵法》在东土世界历经朝代更替，从东方传至西方，其影响力也从军事延伸到政治、经济、商业、哲学、生活等各种领域。海外学者称，孙子思想对后世的影响很大，它影响着中国，也影响着世界。作为在全球有重大影响力的中华文化品牌，孙子的许多思想至今依然闪烁着真理的光辉，其对中国乃至世界产生的广泛而深远的影响，必将继续下去。

　　作为军事文化经典文本的《孙子兵法》，首先对中国周边的亚洲国家尤其是东南亚国家产生影响。汉语版《孙子兵法》很早就传入日本、朝鲜、越南等东亚国家。这部古老的兵书已影响日本1000多年，几乎所有的日本国民都略知一二。孙子智谋极大地影响了日本的军事和商业实践。日本世界500强著名企业的主管经常宣称，孙子对他们经营企业的方式影响最大。其影响迅速波及世界各地，形成了全球经济领域孙子研究的热潮。

　　孙子影响一代又一代韩国人。许多韩国人家中"家训"的内容多来自《孙子兵法》，尤其是孙子的警句，更是被视为传家宝训。越南学者认为，胡志明的人民战争思想、灵活运用斗争策略等，都深受孙子和毛泽东军事思想的影响。

孙子思想影响中国，也影响世界

　　蒙古版《孙子兵法》译者其米德策耶表示，以孙子为代表的中国兵家文化已成为世界智慧，跨越几千年时空，越过千山万水，再次征服海外。而海外对《孙子兵法》的研究、传播和普及，对汉学研究产生重大影响。

一个多世纪来,欧洲国家不断再版《孙子兵法》,不仅对法国、英国、德国、俄罗斯等欧洲国家的军事思想产生了深刻的影响,而且对众多欧洲国家的文化、体育、外交、商贸等诸多领域产生了重大影响,欧洲人从来没有像今天这样崇拜中国的孙子。正如意大利前国防部副部长斯特法诺·西尔维斯特里所说,《孙子兵法》对后世的影响是非常大的,对西方军事思想的影响也是非常大的。

瑞士苏黎世大学著名谋略学家胜雅律说,《圣经》是全世界发行量最大的书籍,而在全世界发行量和影响力大的书籍中,只有《孙子兵法》能与它媲美。意大利版《孙子兵法》在介绍中写道,这部东方军事哲学书影响了西方许多世纪。英国媒体称,在西方,孙子智慧的影响力能够从董事会的商战蔓延到卧室里的男女关系。

以孙子为代表的中国兵家文化影响已由欧洲大陆扩展到大洋洲、非洲大陆。孙子被澳大利亚"知本家"们热捧,许多首席执行官声称给予他们影响的书籍是《孙子兵法》。非洲军人说,虽然《孙子兵法》诞生于2500年前,但其基本思想对现代战争理论仍具有巨大的影响。

《孙子兵法》在美国军事学院、美国海军军官学院、美国武装部队参谋学院等军队学术机构拥有很大的影响力。美军上校道格拉斯·麦克瑞迪认为,毫无疑问,中国古代军事家孙武的《孙子兵法》堪称兵法经典、军事圣经,影响深远。

孙子思想影响了美国社会,掀起了一波又一波研究热潮。通过好莱坞大片的传播,《孙子兵法》在世界范围内影响更广、渗透更深。美国高层战略决策人物从"不战而屈人之兵"的最高境界中,悟出了核战争就是美国人的"噩梦",也是对全人类的威胁,从而提出了"大战略概念"和著名的"孙子核战略"。

1982年参与美陆军《作战纲要》制定过程的前美驻华陆军武官白恩时透露,他的《〈孙子兵法〉对美国陆军空地一体战理论的影响》文章,受孙子影响。出版畅销书《石油战争》、《霸权背后》的美国著名作家威廉·恩道尔也坦言,他试图理解世界性事件的时候,《孙子兵法》对他的影响非常大。1996年,哈佛大学57位学者将《孙子兵法》评选为世界4000年

10部影响最大的著作之一。

　　拉美孙子学者评价说，《孙子兵法》在拉美的影响力与日俱增。阿根廷学者马塞罗·贝瑞特指出，公元前6世纪末，中国的哲学家孙子写下的世界第一兵书《孙子兵法》，对西方军事家影响很大。圣马丁将军领导和指挥的秘鲁战役，就是体现孙子这位影响力巨大的中国思想家和哲学家理论的一个极好例子。

全世界为2500年前中国兵书买单

记者在海外采访时发现，遍布世界各国的孙子兵法研究机构大都是自发成立、自筹经费，其开展的各类孙子文化传播活动也都以民间组织为主，尤其是翻译出版的各种版本的《孙子兵法》。它拥有最大的读者群，而购买者都是心甘情愿，自掏腰包。全世界自愿为2500年前的一本中国兵书买单，令记者感慨万千。

在日本，《孙子兵法》几乎尽人皆知，日本人对其的喜欢程度甚至超过了中国人，日本世界500强企业无一不研究，孙子的许多名言都成了日本人的口头禅。各类注释应用的日文版《孙子兵法》书籍有280多种，相关书籍400多种，参引论述书籍数不胜数，以其为教材的商业书数量更是相当惊人。在世界文化交流史上，对他国的兵法著作研究投入如此多的时间，投入如此可观的财力，是绝无仅有的现象。

《孙子兵法》已进入韩国寻常百姓家，普及率非常高，几乎家喻户晓、人人皆知。孙子的书籍在韩国不是畅销书，而是长销书，其销量长年累积已创下韩国出版史的最高纪录。自1953年以来，韩国已陆续出版了百余种韩文版孙子相关书籍，特别是进入21世纪后，每年都有新作问世。《孙子兵法演义》成为世界著名畅销书，再版5次，印数达200万册，并译成多国文字在海外发行。

巴黎文化街各大书店的法文版《孙子兵法》，很受法国读者青睐，薄薄的一本小书，比厚厚的《法汉对照词典》这样的工具书价格要贵得多。这部中国古代经典在法国深受欢迎，不仅在法国军界、商界和学术界，就连普通法国民众都很喜欢，购买、阅读孙子书籍很普遍。

拥有极高收视率的英国电视连续剧《女高音歌手》中有一句台词：他非常喜欢《孙子兵法》，孙子先生在2500多年前讲的许多道理，至今仍然

"放之四海而皆准"。这令英国观众掀起了《孙子兵法》抢购潮，牛津出版社重印25000册以响应市场需求。

俄罗斯版的《孙子兵法》简装本销售一空，只有少量的精装本和插图本。书店的工作人员表示，俄罗斯人中的确有一群《孙子兵法》的爱好者，俄罗斯从总统到普通公民都认同孙子。在莫斯科大学，学生经常围坐在一起，认真地用汉语朗诵《孙子兵法》的警句。

德国科隆大学汉学家吕福克新出版的德语版《孙子兵法》已再版4次。在德国一般发行3000册的书就算很不错了，而他的书发行了2万多册。荷兰文版《孙子兵法》印数为7000册，而在荷兰这个只有1000多万人口的小国，竟然不到三个月的时间就售罄一空，不能不让人为之惊叹。

马德里孔子学院学生吉瑞说，他最喜爱和崇拜中国的孙子。孙子的智慧谋略，让全世界如此折服。至少至今还没发现，有哪一个人出的书全世界都在读，都在用，况且又是一本流行了2500多年的古书。

美国民间目前已有近百个研究《孙子兵法》的学会、协会或俱乐部在频繁活动。孙子书籍不仅在美国主流书店和图书馆都能找到身影，而且进入了美国的千家万户。在长达3年时间里，《孙子兵法》位居《纽约时报》畅销书排行榜，在美国总发行量超过600万册，曾连续数月雄踞亚马逊排行榜第一名，一度创下一个月1.6万本的销量。

在北美，墨西哥人说学了孙子的智慧，会让他们变得更聪明；在南美，购买《孙子兵法》的巴西人比以前更多，销量逐年上升，其中最热衷的要数球迷，他们认为孙子教巴西人踢足球，当球迷不能不崇拜孙子；在澳洲，书店、机场其他书籍有缺，唯独不缺《孙子兵法》；在非洲，翻阅的黑人读者亦不乏其人，非洲学者称喜欢孙子，不分种族肤色。

原香港理工大学博士生导师、香港国际孙子研究学院院长庐明德教授宣称，全球约有25亿人在直接或间接地学习《孙子兵法》。他做了一个简单的算术题：出版一部《孙子兵法》发行量至少有1000册，一万部《孙子兵法》就是千万册，一册《孙子兵法》10个人读，就有一亿人读。加上全球开设的课程和讲座不计其数，拍摄孙子电影、电视剧的票房收入与收视率都很高。全球有25亿人为中国兵书买单是一笔巨大的数字。

中国台湾地区56人凭借兵学论文获博硕士学位，德国与中国香港也有许多人凭借孙子论文获得博士学位，更不用说海外众多企业获得了丰厚的回报，他们感到为孙子买单非常值得。海外学者感叹，全世界自愿为2500年前的中国兵书买单，说明《孙子兵法》具有无与伦比的文化价值和实用价值，否则没有哪个傻瓜会自愿掏钱去买过时没用的一堆废纸。

让华人世界骄傲的中国"孙子"

2010年8月，一台展现兵学圣典《孙子兵法》的情境咏诵剧——《兵道》在北京中国剧院演出。海外华侨华人看到军旗猎猎、兵器凛凛的场面，无不为之振奋。此台情境咏诵剧的主办方之一是世界华侨华人社团联合总会，承办方则是世侨会中华经典文化传播委员会。

作为东方智慧的结晶，《孙子兵法》集中体现了中国古代军事思想的巨大成就，历经时间长河的荡涤冲刷，影响经久不衰。及至今日，这部兵书仍在世界范围产生着广泛影响，其思想价值一直得到东西方的普遍认同，也让华人世界为之骄傲和自豪。

记者在海外采访所到之处，所见所闻，感受到华侨华人对孙子的情有独钟、对中华文化的一往情深。

"传承2500多年的孙子如今仍焕发出勃勃生机，让人爱不释手。"一位海外老华侨自豪地说。

"孙子兵法是中国人自己的宝贝，包括日本在内的全世界都在应用，我们中华儿女自己不用好就是对不起老祖宗。"日本新华侨动情地对记者说。

"在放眼环球文化的泱泱大潮时，我们更应该挺直大国文化自信的脊梁。全世界的华人热爱孙子，全世界都在接受孙子，全世界没有一个国家不研究孙子的。"一位华人孙子研究学者如是说。

菲律宾华人富豪陈永栽喜爱钻研中华文化，能整篇背诵《孙子兵法》，并常运用这一智慧宝库中的哲理去处理面对商业疑难。他认为，中华文化是孕育了5000多年的文明结晶，是世界文化宝库珍贵的财富，孙子源自中国，却属于全世界。

越南侨领、著名华人企业家朱应昌感叹："有太阳的地方就有华人，有华人的地方就会传播中华文化，我们华侨华人要为中华民族的灿烂文化

增光添辉。"他说，
中华民族5000年的
悠久历史文化，是
我们取之不尽、用
之不竭的宝贵财
富。我们华侨华人
是智慧、聪明的，因
为我们懂道、懂礼、
懂兵法，我们身上
流淌着中华传统文

加拿大华人收藏的各种版本的《孙子兵法》

化的血脉。我们要堂堂正正地把中华民族的根留在心里并使之得到传承，
发扬我们祖先历史文化的精华，并融合外国的精华在海外创造自己的一
片天地。

缅甸华商商会会长赖松生不无感慨地说："我们华人在缅甸立足十分
艰难，我们来的时候一无所有，主要靠的是老祖宗留下的博大精深的中华
文化，靠的是中国人的聪明、智慧和勤劳致富，孔子、老子、孙子的思想对
我们很有用。"

台湾中华孙子兵法研究学会会长傅慰孤称，《孙子兵法》作为中华儿
女的智慧结晶，是海峡两岸民众的共同财富。《孙子兵法》的内涵博大精
深，海峡两岸同根同脉，一道携手领略中华传统文化的非凡魅力，挖掘其
当代价值，对于两岸实现共利双赢具有积极意义。

香港协成行集团主席、方树福堂基金会主席方润华在《略论孙子兵
法与商业竞争》一书中写道："在今日资讯时代，新经济大行其道，以为旷
古未有之奇变。处此变局，恰如赛跑。润华于孙子之书，经年穷索，验之实
际，深感此书之妙，实在是今日新经济谋略之无尽宝藏也。"

澳门大学中国文学讲座教授杨义表示，《孙子兵法》之所以受到普世
的尊崇，一个基本性的原因是其以智为先的内容具有浓郁的重智色彩。它
能触动各种各样的思考，能串通人类智慧，它是启动人智慧的发条，这就使
《孙子兵法》成为举世瞩目的智慧启示录，成为人类竞争发展的智慧学。

《孙子兵法》漫画游戏风靡日本

　　在东京各大书店，《孙子兵法》漫画比比皆是，版权已输往日本的有中国出版的包括《孙子兵法》和中国四大名著在内的系列漫画，有一举夺得日本首届"国际漫画赏"最优秀作品奖的中国香港漫画大师李志清最著名的漫画代表作品《孙子兵法》，还有中国台湾的著名漫画大师蔡志忠的《孙子兵法》漫画。

　　日本把《孙子兵法》编写成漫画，有单本的，也有一至五册全套的，让孩子从小就开始学习。日本的中学就推荐《孙子兵法》文字版和漫画版，日本学生读起来都会津津乐道。一本名为《孙子酱的兵法》的读本，除了有大量的萌图以增添阅读乐趣之外，还有超过60则的四格漫画，深入浅出地介绍了著名兵书《孙子兵法》中的一些精髓部分，以期让读者简单地了解一些古典兵法在现代社会中的活用法则。充满趣味性的解读，是推广古典名著的一个不错方式。

日本《风林火山》漫画

　　最受推崇的要数森哲郎的《孙子兵法》漫画，日本人只要读起来都会爱不释手。森哲郎是日本著名社会派漫画家，在日本漫画界自成一派，因而被称为日本漫画界的"一匹狼"。他对中国充满感情，20多年来访问中国50余次, 目的就是给中日文化牵线搭桥, 堪称"中日漫画交流第一人"。

森哲郎背井离乡, 靠什么在漫画界站稳脚跟? 森哲郎回答说: "因为我懂得《孙子兵法》, 我用兵法创业。"他画的《孙子兵法解读》, 把中国的兵法以漫画的形式刻画得惟妙惟肖。这是森哲郎第45册漫画著作, 在日本获得广泛赞誉。

日本出版的漫画《风林火山》出自《孙子兵法》中的"其疾如风, 其徐如林, 侵掠如火, 不动如山", 中国动漫《秦时明月》中卫庄四个手下的原型似乎就是"风林火山"。在日本第一个把"风林火山"绣在军旗上的"日本战国第一兵法家"武田信玄, 其故里甲府市《风林火山》的漫画十分流行。

日本知名评论家、作家麻生晴一郎认为, 中国孙子文化已成为日本文化的一个部分, 如今五六十岁的日本人几乎没有不知道《孙子兵法》的, 而年轻人和孩子们不一定会刻意地去学孙子, 却也主要通过漫画和游戏, 寓教于乐。日本人把孙权看成孙子的后代, 所以都很喜欢《三国演义》, 其漫画、游戏在日本也很风靡。

《孙子兵法》战法软件在日本大受孩子们喜爱

　　日本任天堂公司把《孙子兵法》战法软件登陆掌机，推出《孙子兵法DS》(孙子の兵法DS)掌机，在日本大受孩子们的喜爱。

　　任天堂作为全球最大的电玩游戏机制造商，始终坚持"创造有趣的东西"，先后开发了7代电视游戏机，推出超过250款游戏，在全球超过24亿套游戏售出，缔造了多名游戏史上的著名人物，创造了游戏史上最为经典的游戏和世界上销量最好的掌上游戏机系列。

　　2004年5月，任天堂公布了新型的便携式游戏机计划，发售四个月后，NDS的销量突破了500万台；2009年10月29日正式发布了DS掌机新款机型；2010年3月23日发布了游戏机"Nintendo 3DS"；2013年8月28日，任天堂宣布推出全新游戏掌机Nintendo 2DS。

　　新款3DS和3DS XL都把游戏卡插槽转移到机身前部，从而为后部留下了更多的按钮空间：3DS背面包含了新的R、ZR、L和ZL按钮，电源适配器也转移到了机身背面的中央位置。3DS号称电池续航时间延长到了3.5至6个小时，3DS XL则可以提供3.5至7个小时的续航能力。在Wii U中，玩家需要使用该游戏机的Game Pad手柄将Amiibo角色传输到游戏中，而3DS则可以直接实现这一功能。

　　新款任天堂3DS还首次内置NFC（近场通讯）技术，使这些设备可以与该公司的Amiibo手办交换数据。任天堂的Amiibo手办与迪士尼的《Infinity》平台类似，玩家可以购买马里奥、卡比或皮卡丘、《孙子兵法DS》等任天堂游戏人物，然后通过与之配套的任天堂游戏来获得乐趣。

　　日本游戏市场销量统计显示，任天堂凭借3DS的出色表现力压索尼成为日本市场中的绝对主导者。任天堂DS推出过三款改良机型，依时间顺序分别为任天堂DS Lite、任天堂DSi、任天堂DSi LL。至2008年12月底，任天堂DS全球销售量9700万部,日本2561万部,美国3217万部,欧洲及其他地区3976万部。截至2012年,DS的全球总销量已经达到1.5369亿部,历史排名第一。

日本任天堂《孙子兵法》登上掌机

任天堂还推出以《孙子兵法》为题材的NDS战略学习型游戏,游戏以孙子十三篇为内容,共256页,并以现代日语的方式著写,还加入语音来辅助。其中收录了中国的赤壁之战和日本战国的著名战役,并加入了其中使用《孙子兵法》的战略解说,可以边听边读,边走边玩,十分有趣。

NDS《孙子兵法》现代职场攻略在日本大行其道,该游戏以各种现代职场与经营决策作为案例,加入《孙子兵法》的角度加以解释,再给出制胜的方案。游戏还可通过问题测试,给出职场类型以及战略能力评定,让使用者获得参考,活学活用,从而"知彼知己,百战百胜"。

《风林火山》在日本妇孺皆知

在日本山梨县盐山市云峰寺，仍保存着武田信玄所创制的"风林火山"突击旗，这面军旗被称作"孙子旗"。此间人士称，该旗保存在云峰寺，或许是武田信玄于1551年在此出家为僧的缘故。

武田信玄被公认为日本战国第一兵法家、甲斐之虎，他的案头总是放着一部《孙子兵法》，他的军旗上则绣着"风、林、火、山"4个大字，象征着《孙子兵法》中"其疾如风，其徐如林，侵掠如火，不动如山"的用兵境界。在军事理论贫乏的日本战国时代，开创了一个新纪元，武田信玄获得了"日本孙子"的美称。

学者认为，武田信玄归纳出"风林火山"并以此为军旗，透露出他对军队纪律的严明，对军阵排布的谋略，以及卓越的对战局掌控的才能。他提出了"十成中获六、七成胜者，乃十成之胜"。他在择人任势、五事七计、以法制军、知彼知己、慎战全胜以及不战而屈人之兵等方面吸取了《孙子兵法》的精华。

日本风林火山

数百年来"风林火山"一直风靡日本，《甲阳兵鉴》、《信玄全集》是专门叙述武田派军事学及"风林山火"军队的兵书。日本著名历史小说家新田次郎出版的长篇历史小说《武田信玄》，分为风之卷、林之卷、火之卷、山之卷四部，把"风林火山"描写得淋漓尽致。日本文坛巨匠、曾任中日文化交流协会会长的井上靖出版了巅峰之作《风林火山》。此书在日本国内妇孺皆知，狂销500万册，中文繁体版畅销10余年，再版数十次，多次被拍成电影、电视剧，风靡整个亚洲。

2007年，NHK年度大河剧《风林火山》开演，第三次把日本知名战国名将武田信玄的故事搬上荧屏，创下极高收视率。日本拍摄了电影《风林火山》、TV特别篇《风林火山》，出现了QQ飞车"风林火山"、网球王子——"风林火山"，全称"风林火山阴雷"。日本还开发网络游戏《风林火山》、游戏王陷阱卡《风林火山》，在游戏《苍翼默示录》里，邦哥有一个招式的名字也叫作"风林火山"。

日本企业家也从"风林火山"中得到启发，步骤实施如风，内部管理如林，业务开展如火，面对困境如山。丰田汽车公司社长丰田章男的偶像是武田信玄，他对"风林火山"情有独钟。至今，日本参联会主席办公室墙上也仍然挂着"风林火山"的匾额。

记者在甲府市看到，土产店竖立着武田军"风林火山"的旗帜，以"风林火山"为题材的扇子、茶具、帽子、服饰等日用品和工艺品，琳琅满目，酒店还推出了"风林火山"膳。

日本孙子专家称，从《孙子兵法》中悟出"风林火山"要义的武田信玄，是那座全日本最难撼动的"风林火山"。若不是他在53岁过早地因病过世，日本战国的历史必将重新改写。

"韩流"、"汉风"话孙武

"《孙子兵法》在韩国的普及率非常高,几乎家喻户晓、人人皆知,这并不奇怪。"中国驻韩国大使馆文化参赞兼文化中心主任沈晓刚在接受记者采访时说,中韩关系源远流长,自有文字记载起就有来往,包括《孙子兵法》传入朝鲜的时代。

当记者问及在首尔街头随处都能看到用汉字醒目标出的景点、遗址、地名和各种招牌时,沈晓刚回答说,15世纪以前,朝鲜半岛并没有自己的文字,连王公贵族使用的都是中国汉字,官方的纪录如《朝鲜王朝实录》用的全是汉字,这也是《孙子兵法》很早传入朝鲜半岛的主要原因之一。

沈晓刚说,与日本不同的是,朝鲜半岛历史上与中国和平相处的时间很长。当时朝鲜王朝到中国参加科举考试,《孙子兵法》被列入考试范围,这也是《孙子兵法》很早传入朝鲜半岛并经久不衰的重要因素。所以韩国在应用《孙子兵法》上也与日本不同。日本从战国时代开始,一直到"二战"结束前,主要将《孙子兵法》应用于军事领域,涌现出一批军事研究家;而韩国主要应用于社会文化生活领域,涌现出一批哲学和社会科学研究家。

《孙子兵法》在日本、美国主要还为精英阶层所运用,而在韩国已进入寻常百姓家,相当普及。沈晓刚认为,这是由于中韩两国地缘相近、文化相通、文字相融、习俗相似。朝鲜半岛长期处在中华文化圈内,在韩国,影响最大的是中国文化,尤其是儒家文化和兵家文化,这是中韩文化长期交流的结晶。

沈晓刚告诉记者,很多韩国人对中国的《三国演义》、《水浒传》、《红楼梦》、《孙子兵法》都很熟悉。韩国人用自己的方式让中国的传统文化与韩国的现代文明交汇融通。中韩文化交流的显著特色是,"韩流"与

韩国太极旗融入《易经》、《孙子兵法》元素

韩国首尔中国文化中心传播中国兵家文化

"汉风"兼收并蓄。

沈晓刚称,《孙子兵法》在韩国的传播,古人已经做了。我们的使命是,让中国和世界的这一文化瑰宝更贴近韩国民众,直接指导韩国人的思想和生活。

据在中国驻韩国大使馆工作七年的沈晓刚回忆,在他到使馆工作前的2001年,时任中国对外联络部部长的戴秉国来到首尔,把刻有《孙子兵法》并用丝绸扎成的竹简送给了当时的韩国自由民主联盟总裁金钟泌。他到使馆工作后,中国政府官员到韩国访问赠送的《孙子兵法》至少有一二百本。

沈晓刚介绍说,2004年12月,韩国首尔中国文化中心成立。这是中国政府在亚洲设立的第一个文化中心,主要通过信息服务、教学培训及举办各种文化活动,向韩国民众推介包括孔子、孙子在内的中国传统文化,先后接待了数以万计的韩国朋友,并拥有4900多名固定会员,为韩国公众,特别是青少年打开了一扇了解中国的窗口。

沈晓刚表示,目前首尔中国文化中心已发展成韩国国内最有影响力的五大外国文化中心之一。随着文化中心认知度和影响力的提高,越来越多的韩国政界、经济界高层人士前来参观访问,一些韩国文化团体也希望与中心合作。这一切都折射出中国文化影响力在韩国不断提高的现状。我们将更好地利用这一品牌,让中华文化在韩国更具影响力。

越南社会文化生活渗透兵家思想

屡屡成为兵家必争之地的越南，始终处于世界冷战和热战的最前沿，交融着战争、兵法、热带、丛林、电影、战士，成为越南一种独特的兵家文化符号。

越南文化受中国影响最深，法国次之。源远流长的中华文化，涵泳于越南历20个世纪，越南所学的是汉文，所读的是中国书。自秦代以来，就不断有华人迁徙进入越南，从而对越南整个历史时期的政治、经济、军事、文化和社会生活产生了重要的影响。

如今在越南，中国文化依然处处可见，凡有古代历史的地方皆有汉字。首都河内最古老的历史遗迹文庙里，挂着孔子像，草坪上竖着孙子"智、信、仁"等标语牌。在胡志明市街头的音像店里，其中不乏《孙子兵法》、《三国演义》等音像制品。

越南老一辈的人，大多都看过中国的四大名著，且深受影响。2007年，越南就掀起"中国文学热"，如今，越南人对中国文化的喜爱程度依然不减。

越南各大电视台，常年热播中国影视剧。十集《孙子兵法》动画片成为越南孩子们的最爱，而越南观众最喜欢的是《三国演义》，因剧中充满了兵法谋略。很多越南人都喜爱关羽，喜爱他赤面忠诚、披荆斩棘的豪侠气概，越南先民还在中部的

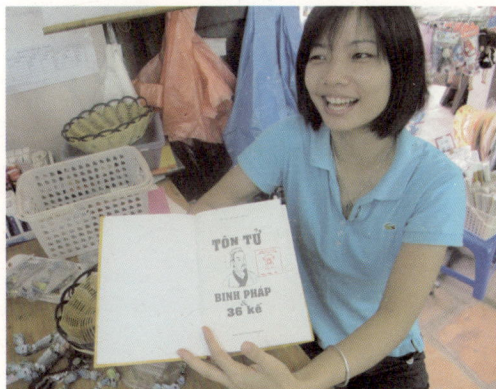

越南《孙子兵法》融入家庭和社会文化生活

会安古城修建了一座"关公庙"，在胡志明市惠成会馆也有"关公殿"。

越南的艺术吸收了大量来自中国兵家文化的元素，越南独具特色的水上木偶戏，让玩偶活灵活现地演出各种传说故事：越南人面对大自然的威胁，或是敌人的侵略时，如何用兵家智慧去保护自己的国家。

越南人"尚武"表现在对体育的狂热。越南普及率相当高的太极拳、散打等武术，都融入了兵家文化的基本法则；越南的社会文化生活也充满兵法的神奇，居然全国有四分之一人口，约2000万人喜欢下中国象棋，场面蔚为大观，而中国象棋的博弈也处处体现着兵法的奥妙。

在抗法战争中，越南吸取了《孙子兵法》的智慧，并运用毛泽东领导的中国人民革命战争经验，逐步形成了自己的军事思想。在对美国的战争中，更是借鉴了孙子、毛泽东的战略思想，把越南游击战发挥到极致。

越南侨领红木艺术雕出兵法

"有太阳的地方就有华人,有华人的地方就会传播中华文化,我们华侨华人要为中华民族的灿烂文化增光添辉。"越南侨领、著名华人企业家朱应昌一见面就自豪地对记者说。

担任胡志明市华人中心辅助会副理事长、胡志明市中越友好协会副会长的朱应昌,祖籍广东东莞,原本是柬埔寨华侨,1986年越南改革开放,他以独到的眼光,顺势成立了越南艺昌古艺家具有限公司,并任董事长,从此开创了华人在越南从事古艺家具的品牌。近年来,红木生意越来越红火,产品不仅深得越南人的喜爱,成为越南政府用来馈赠外宾的顶级艺品,而且远销中国大陆、台湾,甚至日本及东盟各国皆有订单。

朱应昌还担任胡志明市书法会名誉会长、华文教育辅助会最高顾问。在他的红木博物馆里,名家书法、要人题字布满墙壁。一些国家政要和知名人士经常莅临艺昌古艺家具有限公司,中国前国务院总理朱镕基访问胡志明市时,曾向艺昌购买艺术品作礼品;建筑专业出身的中国前政协主席李瑞环曾与他探讨红木文化,并亲笔题词:"弘扬古艺,民富国昌。"

在朱应昌的引领下,记者饶有兴趣地参观了红木博物馆。但见房门有圆形的、八卦形的,充满兵法的元素。红木艺术品有《三国演义》中的诸葛亮、关公、关平等各式兵家人物像,有古代的各种兵器,还有"雄才大略"、"百战展宏图"等军旅书法作品,尤其是他放在大堂显著位置的"居安思危"、亲笔书写雕刻在工艺瓶上的"守正不阿",无不折射出深厚的中国兵家文化意蕴。

当记者问及其成功秘诀时,朱应昌回答说,除了靠越南当地对华人华侨的优惠政策和购买力迅速提高的越南国民外,很重要的一条是靠自己的勤劳,靠中国人的智慧,靠包括儒家文化和兵家文化在内的中华文化的长期熏陶。

朱应昌告诉记者，他从小读孔孟之道和《孙子兵法》，在他的书橱里，收藏了《老子》、《孔子》、《孟子》、《孙子》等中国古典书籍，还有《毛泽东兵法》。朱应昌把毛泽东十六字游击战的

《孙子兵法》时刻提醒每个越南人居安思危

战略方针和毛泽东诗词背得滚瓜烂熟，孙子"知彼知己，百战不殆"、"同舟而济"等经典语录更是脱口而出。

"毛泽东很懂兵法，是大战略家。"朱应昌说，"我搞红木艺术，学毛泽东兵法。越南有千年万年的老树，在森林里怎么识别红木的年份？是什么纹路的红木？什么是最好的木材？怎么砍千年大木？这就要懂兵法，为此我提出'红木十万个为什么'，做红木也要知彼知己，只有知道红木，才能做好红木。"

朱应昌指着墙上用贝螺编织成的一幅《唐人射鸿图》，意味深长地对记者说："画面上是一个唐人张弓，正对着天上的8只飞雁，到底射哪一只好？你必须立刻做出决定。这幅画让我明白'伤其十指，不如断其一指'的道理，更让我理解毛泽东'集中优势兵力打歼灭战'的战略思想。于是我当机立断，就射'仿古红木家具'这只飞雁。"

身为华人，朱应昌对中华文化有着深厚的感情。他动情地对记者说，中华民族5000多年的悠久历史文化，是我们取之不尽、用之不竭的宝贵财富。我们华侨华人是智慧、聪明的，因为我们懂道、懂礼、懂兵法，我们身上流淌着中华传统文化的血脉。我们要堂堂正正地把中华民族的根留在心里并使之得到传承，发扬我们祖先历史文化的精华，并融合外国的精华在海外创造自己的一片天地。

印尼人把中国兵法视为宝典

在印尼最大的连锁书店，有不少中国古典哲学和文学的印尼语译本，如《老子》、《论语》、《三国演义》等，但最耀眼的莫过于《孙子兵法与企业管理》等印尼文书籍。书店工作人员告诉记者，目前出版的印尼版《孙子兵法》有10多个版本，销售一直很好。

印尼和中国的友好关系源远流长，印尼人民和中国人民早在数千年前就有密切的文化交流。记者在印尼博物馆看到，明朝时，郑和下西洋经过了印尼，不仅带去了丝绸、瓷器、航海、礼仪等中国文化，而且给印尼带去了和平的理念和环境。

此间资深传媒界人士告诉记者，自1998年以来，在印尼受到30年压制的中华文化又重新恢复生机，印尼各大城市开始重新拾起遗失已久的中华文化，并使之重放光彩。中国与印尼成立的6所孔子学院的协定签订，将推动中华文化在印尼的交流融通。

中国的兵家文化，也成为印尼文化中不可或缺的一部分。印尼历史上第一位由民主选举产生的总统即第4任总统瓦希德，熟读中国的《孙子兵法》。2004年，时任中国国务委员的唐家璇出访印尼，以时任国家主席胡锦涛的名义，将一部中英文对照的黄金版《孙子兵法》赠予印尼总统苏西洛；2005年，编号为W0016号的纯金版《孙子兵法》也赠送给印尼总统苏西洛。

印尼《国际日报》总编辑李卓辉对记者说，印尼人非常重视《孙子兵法》，把它视为大智慧、大宝典，认为很适合用于商场谋略与竞争，许多印尼人都知道"知彼知己，百战不殆"。印尼人说，为什么中国人商业头脑这么灵，经商这么厉害，九成印尼华人经商都这么成功，而印尼人却上不了富豪榜？他们开始感到很惊讶，后来才明白，原来这与中国的《孙子兵法》有关：企业要成功，就必须要学孙子战略。于是，印尼人很相信中国的孙子，买了英文版、印尼版《孙子兵法》来研读，作为使自己在商场立于不败之地的秘密武器。印尼人听到有兵法与商战的讲座，都踊跃报名。

此间孙子研究学者称，印尼学术界、文艺界和新闻界，对《孙子兵法》都很认可。印尼学者

印尼人把《孙子兵法》视为人生宝典

认为，《孙子兵法》非常经典，短短6000多字，把国家、军事、战略、人生、做人、做事的道理都说出来了，孙子的"道、天、地、将、法"把治理国家、管理企业的哲理都讲得很透彻，完全可以用于家庭、企业，乃至社会和国家都用得上。

印尼的电视台经常播放《孙子兵法》、《三国演义》等反映中国兵家文化的电视剧，收视率很高。印尼的报纸杂志也常年刊登此类新闻报道和文艺副刊作品，颇受欢迎。在印尼，包括《毛泽东兵法》在内的著作也受到欢迎。一位印尼学者说，印尼过去和现在都从中国身上学到很多智慧，中华文化会给印尼的文化和经济带来许多好处，使印尼人受益匪浅。

印度旅游景点与兵家文化串联成珠

记者抵达印度新德里甘地国际机场，就看到荷枪实弹的军人。在世界新七大奇迹之一的泰姬陵，及印度的几个著名城堡等旅游景点，几乎都有持枪的军人在巡逻站岗。从中，印度的军事防务可略见一斑。

印度城市宫殿博物馆主入口的三座拱形门，也称为大象门，拱门间架设着大炮，馆内收藏着昔日珍贵的双轮战车。最奇特的是普拉塔普的战马穿成大象般的躯干，传奇战士普拉塔普，在一次伟大战役期间立下赫赫战功。而普拉塔普的原始护甲，从头到脚都用细金属条串联而成。

城市宫殿博物馆内开设了古代兵器博物馆，林林总总的印度古代兵器，令人眼花缭乱。有印度战象、印度长弓手、印度长刀、印度盔甲、印度乌兹刀、波斯圆月弯刀等。而出自中国的刀，则有强汉环首刀、盛唐大横刀等。这些冰冷的武器如今虽已经告别了昔日战场，但刀与剑、戈与矛、弓与弩、甲与盾，这些五花八门的古代兵器，却向现代人讲述着古代兵法的神奇。

登上琥珀城堡，围绕城市的小长城绵延四五公里，虽不能与北京的八达岭相比，但也纵横交错，横架竖垒，气势雄浑，建筑坚固，构成了一道道天然的军事防御体系。

蒙兀儿王朝首都的阿哥拉城堡和德里的红堡，气势恢宏，建筑物都有两层城墙。红堡周围的护城河长2.5公里，墙高20余米，十分壮观。城墙上依次筑有无数个防御枪眼。红堡是印度历史上最辉煌的第三大帝国，也是最后一个王朝所建的帝王宫殿，令人想起了与此相关的一代天骄成吉思汗。城墙的城防建设对城池的防守起着决定性作用，精通《孙子兵法》的成吉思汗的后代们，在这里构筑坚固的防守城墙，如同生根于地底。

印度门类似于法国的凯旋门，高约42米，为纪念第一次世界大战死亡的9万名印度与英国军人，以及死于印度与阿富汗战争中的士兵。墙壁上刻

印度旅游景点与兵家文化串联成珠

有13500名阵亡将士的姓名。印度门上空，很多和平鸽和鸟儿在悠然飞翔，不时停落在门墙上或又飞往空中，仿佛在给世界和平衔去橄榄枝。甘地陵墓向瞻仰者无声地传播圣雄甘地非暴力的和平思想，世界各地也举起了这面和平的旗帜。

在新德里的街头，不时可以看到兵家文化的雕塑和壁画，在印度空军总部门前，三架新型战斗机凌空翱翔。在印度五星级酒店走廊的镜框里，挂着一幅幅古代刀剑和近代洋枪的图片。在酒店的餐厅里，记者看到手握青龙偃月刀的关公雕像。餐厅的印度大厨和服务员说，他们很信奉中国的"三国兵法"。

游客观看印度民族表演，能欣赏到古代舞剑和格斗。在当地特色手工艺商店，可买到印有兵家文化的印度丝绸。商店老板说，印度是仅次于中国的第二大丝绸生产国，也是第一大丝绸消费国。中国的丝绸连同《孙子兵法》等中华文化经丝绸之路传到印度，极大地丰富了印度的文化和生活。

全球25亿人热衷孙子文化

有消息称,全球约有25亿人在直接或间接地学习《孙子兵法》。

这个数字是西方学者先提出来的,说是古今中外有25亿人学习《孙子兵法》。有学者经过潜心研究,查阅了中西方学者对《孙子兵法》研究、出版、传播、应用的大量资料和相关数据,综合分析论证,认为这个结论能站得住脚。这虽然不是一个精确数字,但也许还是个保守数字。

《孙子兵法》是中国古籍在世界影响最大、应用最为广泛的著作之一,它不仅是中华民族传统文化的瑰宝,也是世界级别的智慧宝库。它的博大精深,影响了世界2500多年。古今中外对其推崇备至。它所阐述的谋略和哲学思想,至今仍被广泛地运用于全世界各个领域,更在当代世界范围内兴起新一轮《孙子兵法》热。

目前全世界《孙子兵法》的译本已有数百种之多,它被译成日、法、英、德、俄、朝鲜、越南、泰国、马来、印尼、缅甸、捷克、西班牙、希伯来、波斯语等近40种语言版本,出版的《孙子兵法》研究专著逾万部,地域涵盖世界各大洲。如果出版一部《孙子兵法》,发行量至少有1000册,一万部《孙子兵法》就是千万册,一册《孙子兵法》10个人读,就有一亿人读。

《孙子兵法》研究机构遍布全球,世界著名的商学院、军事学院都有研究,专业或业余的研究人员数不胜数。近年来,《孙子兵法》越来越受中外政治家、军事家、思想家和企业家的重视,已融入现代军事学、管理学、经济学、社会学、教育学、情报学、行为学等诸多学科之中。全球孙子研究学者的学术论文数以万计,开设的课程和讲座不计其数,在直接或间接地学习《孙子兵法》的人数恐怕都是上亿的。

如今网络资讯、电视传媒发达,《孙子兵法》的影视剧、动漫收视率非常高,全球的观众也是上亿的。

　　日本、韩国等国家及我国香港、台湾等地区应用《孙子兵法》的企业，从中小规模到世界500强都有，有万人企业，也有数十万人的特大型企业，华人估计在全世界有14亿人，把这些数字加起来，热衷于研究、应用孙子思想的人数在全球相当可观。

　　中共十七届六中全会提出要"弘扬中华文化"，实施推动中华文化走出去工程，增强国家文化软实力、中华文化国际影响力。文化是一个民族的精神和灵魂，是一个国家立于不败之地的决定性因素。包括兵家文化在内的中国优秀传统文化，是中华民族的重要凝聚力，是祖先留给中华儿女最好的智慧之源。

　　《孙子兵法》作为最优秀的中国传统文化之一，所蕴含的深刻哲理和丰富智慧，对维护世界和平有重大的贡献。原香港理工大学博士生导师、香港国际孙子研究学院院长卢明德认为，《孙子兵法》中一个高层次的智慧，是"不战而屈人之兵，善之善者也"；其中一个例子，是大国以软实力及硬实力与小国和平相处，使小国心悦诚服地敬服大国。这对促进世界和平及发展具有十分重要的参考价值，已越来越多地被世界所认同、所接受、所传承。

　　《孙子兵法》将是继孔子学院遍布全球后，又一个在全球有重大影响力的中华文化品牌，必将在全球研究越来越深，传播越来越热，应用越来越广，影响越来越大。

《孙子兵法》受到法国公众特别礼遇

　　法国电影《蛇》的序言以《孙子兵法》中的警句为导语，让法国公众对中国的兵家文化产生了兴趣。法国奇幻喜剧电影《时空穿越者》展现了远古世界中两军对垒的恢宏场面，故事主人公瑞米披着棉被指挥战斗，手上捧着《孙子兵法》与《三十六计》。

　　记者在巴黎文化街各大书店看到，法文版《孙子兵法》很受法国读者青睐。薄薄的一本小书，比厚厚的《法汉对照词典》这样的工具书价格还要高。今年最新版《孙子兵法》因销量猛增，在原书价格边贴了新的价格，上浮好几成，记者买到的就是"涨价版"《孙子兵法》。

　　在巴黎中国文化中心，连环画《孙子兵法》、《孙膑兵法》、《司马法》、《黄石公三略》、《六韬》、《三十六计》等中国兵家文化书籍十分齐全。工作人员介绍说，该中心的《孙子》书籍和连环画很受法国读者青睐，前来阅读的以法国年轻人居多。巴黎戴高乐中国图书馆馆长李大文也告诉记者，《孙子兵法》及相关的商战书，在该馆很"吃香"。

　　法国是世界公认的时装王国，而享誉法国和世界的时装设计大师卡芬女士，她成功的秘诀就是应用孙子的"避锐击惰"与"避实击虚"。卡芬女士回忆起50多年前的往事，仍禁不住情绪激动，庆幸自己当时没有卷入同行们的竞争当中，避开了他们的锐气，而选择了这个当时无人竞争的领

《孙子兵法》受到法国公众特别礼遇

域，最终打败对手。这个正确的决策，为她带来了巨大的成功。卡芬女士的成功，足以让每个想要"以弱胜强"的有志之士借鉴。

商界如此，文学界也同样如此。法国里昂有位文学爱好者名叫阿莱克西·热尼，他写的小说《法国兵法》获得龚古尔文学奖，他在接受法国《快报》专访时说，《法国兵法》这个名字模仿了《孙子兵法》。

法国布列塔尼孔子学院法方院长白思杰，在《经济学人》杂志里看到有一篇名为《中国在海外：孙子和软实力的艺术》的文章，论述中国经济实力之外的"软实力"。他读完文章发现，孙子很了不起。于是，他开始研读《孙子兵法》，在孔子学院传播孙子文化。

法国战争学院孙子研究学者亚纳·古德尔克即将出版的《孙子在法国》一书，系统介绍了《孙子兵法》在法国的传播和应用。他对记者说，这本书主要是写给法国年轻人看的，还有学术界和商界人士看。他相信这本书会受到法国人的重视和喜欢，因为这本书展示了东方智慧与西方的融合。

"法国八九大街网站"的网民沉思者认为，要跟中国人打交道，就要阅读《孙子兵法》。这位法国网民写道，很少有人能够把握微妙的中文，在与中国人对话之前，必须首先阅读《孙子兵法》等名著，以便了解中国人的思维以及行动方式。

法国战略研究基金会亚洲部主任瓦莱丽·妮凯评价说，法国对《孙子兵法》的研究、传播和应用是积极的。这部中国古代经典在法国深受欢迎，多次再版就是证明。可以说，不仅在法国军界、商界和学术界，就连普通法国民众都很喜欢。在法国，购买、阅读孙子书籍很普遍。

《孙子兵法》热卖，英伦曾掀起抢购热潮

记者在伦敦各大书店、希斯路机场和火车站，都看到有人在购买或阅读《孙子兵法》；在伦敦市中心查令十字路——英国有名的书店街也看到各种英文版《孙子兵法》。伦敦大学的中国留学生林小姐告诉记者，伦敦大学图书馆也有许多版本的《孙子兵法》，各国留学生都喜欢阅读。

大英博物馆展出了竹签《孙子兵法》、线装本《孙子兵法》等数量众多的中国兵书。令记者惊讶的是，在大英博物馆一楼展示大厅，竹签《孙子兵法》与中国的算盘放在一起，喻意孙子的"妙算"。

大英博物馆工作人员告诉记者，1910年，通晓汉语、时任大英博物馆东方藏书手稿部助理部长的莱昂纳尔·贾尔斯，就根据大英博物馆各种《孙子》中文版本，翻译了《孙子》全新英译本，书名为《孙子兵法——世界最古老的军事著作》。

就欧洲来说，英国对《孙子兵法》翻译出版最多，研究最深，因而传播的影响也最大。英国国际出版顾问、教育家保罗理查德教授说，首批中译英的著作可以追溯到100年前，包括1905年在英国出版的《孙子兵法》。

20世纪英国曾翻译出版了17个版本《孙子》。英国军事学家利德尔·哈特在1929年出版了一部军事名著，取名《战略论》。书中摘引了21条军事家语录，其中第1至15条，都摘自《孙子兵法》。后来几经修改，于1954年重新出版。英国《不列颠百科全书》第5版列有孙子条目，写了一千字的释文。英国托马斯·费立普少校主编的《战略基础丛书》，把《孙子兵法》排在第一位。

近年来，英国牛津大学出版社曾多次再版《孙子兵法》，世界最著名的英语图书出版商——企鹅出版社也连续多年出版《孙子兵法》。记者发现，在英国与之相关的书籍还包括《孙子兵法之经理人：50条战略法

则》、《孙子兵法教女性如何打败工作劲敌》、《策略和技巧：孙子兵法在投资和风险管理中的应用》等，在英国购书网站上可以找到十几种不同版本的《孙子兵法》。

《孙子兵法》热卖，英伦曾掀起抢购热潮

以《孙子兵法》为题材的电视连续剧热播，令许多英国观众一下子对这部中国古兵法书产生了好奇和兴趣。英《金融时报》也将《孙子兵法》十三篇内容的英文译文，制成30页特刊出版。该报强调，中国2500多年前的古老军事策略，十分适用于现代社会的商业管理，西方国家应该加以研究。

曾执导《杀戮之地》、《传道》的英国名导罗兰·乔菲，在金鸡百花电影节上透露，他将来中国拍一部动作片，影片的名字就叫《孙子兵法》，女主角将力邀章子怡担任。他还介绍说，剧本是他自己创作的，一半场景在上海拍，一半在美国拍。故事讲述了一个武功高强的中国女孩只身到美国闯天下，她运用《孙子兵法》中的种种谋略巧妙地战胜了一个个困难。

剑桥大学将《孙子兵法》列为必修课。毕业于剑桥大学和中殿律师学院的蒂姆·凯万，被一家律师工作室录用为实习生，进入了一场剑拔弩张的实习生大战。他出版的《实习律师和孙子兵法》一书中提出，诉讼就是一场战争和一本《孙子兵法》，该书在《泰晤士报》网点击率排行前三名。

英国教练威尔金森也爱读《孙子兵法》，英军马术三项赛的组织者、华天团队领队西蒙更是通晓《孙子兵法》。有一段时间，英国警察局墙壁上，贴着许多《孙子兵法》警句，警察当局还督促警员认真学习。

英国国防大学联合指挥与参谋学院、伦敦大学国王学院战争研究系和亚非学院当代中国研究分所、兰切斯特大学防务与国家安全研究中心、伦敦经济学院国际关系专业、伦敦国际战略研究所等军队和地方院校、研究机构，都涌现出一批高层次的孙子研究和传播学者。

德国酒文化学者"把酒话兵法"

莱茵河畔蜿蜒的葡萄园、古老的酒庄街道、别样的酒桶旅馆、独特的葡萄酒窖,德国美因茨大学翻译学院和语言学与文化学学院中文系教授柯彼德博士,把记者带进了一个充满诗意的葡萄酒世界。

柯彼德是德国著名汉学家,他的博士论文是《现代汉语的词类问题》,出版过《汉语语音学丛书》、《基础汉语课本》,主编德语区汉语教学协会会刊《春》,撰写了80多篇关于汉语教学、中国文化及跨文化等方面的论文。

而柯彼德的业余爱好则是中国酒文化,他出版过《中国的葡萄酒文化——历史、文学、社会与全球视角的研究》、《葡萄酿酒之桥——英汉意法德词典》,曾在德国美因茨大学组织"中国与德国葡萄酒文化研究"国际研讨会,并多次参加中国举办的葡萄酒国际研讨会,还在天津大学冯骥才文学艺术研究院做了题为"葡萄美酒——在中国忘却的文化遗产"的演讲,提出了"中国葡萄酒之路比丝绸之路更早、更长"的观点。

柯彼德饶有兴趣地带记者来到莱茵河畔德国著名葡萄酒产区和酒庄。从二十世纪初,这里就深受德国和英国的浪漫派诗人青睐。入夜,柯彼德一边品尝葡萄美酒,一边与记者"把酒话兵法"。

"葡萄美酒夜光杯,欲饮琵琶马上催。醉卧沙场君莫笑,古来征战几人回。"柯彼德吟诵着唐朝著名诗人王翰的《凉州词》。他说,此诗描摹了出征将士开怀痛饮、尽情酣醉的场面。还有辛弃疾在《破阵子》里的描写:"醉里挑灯看剑,梦回吹角连营。八百里分麾下炙,五十弦翻塞外声。沙场秋点兵。"这些脍炙人口的诗词是中国酒文化与兵家文化结合的代表作,千百年来,广为传诵。

柯彼德语出惊人:自古以来,酒与兵家有着不解之缘。孙子在其兵法十三篇中尽管没写到酒，但字里行间可以看出他是喝着酒写出来的，否则不会成为"妙运从心，铿锵有声"的千古警言。

况且，中国的酒文化与兵家文化是"两兄弟"，中国兵家人物大都爱饮

德国酒文化学者"把酒话兵法"

酒。柯彼德举例说，《三国演义》的曹操煮酒论英雄、关羽温酒斩华雄，都体现了酒文化与兵家人物的智谋与胆略。《水浒传》高超的醉打描写，使酒文化与武术文化水乳交融。

同样喜爱酒文化的记者与柯彼德交流道，楚庄王"善用酒谋"，越王勾践"投酒鼓士气"，荆轲"酒后刺秦王"，项羽大摆"鸿门宴"，刘邦醉唱《大风歌》，汉武帝送御酒到战场，霍去病"倾酒入泉"，宋太祖赵匡胤"杯酒释兵权"，朱元璋"借酒消患"，这些，都是酒文化与兵家文化交融的经典。

2008年柯彼德启动"欧亚17国丝绸之路万里行"探访活动，驱车数万里，考察中西历史文化交流情况。他介绍说，德语简称丝绸之路为丝路，最早来自于德国地理学家费迪南·冯·李希霍芬1877年出版的《中国——我的旅行成果》。

柯彼德认为，《孙子兵法》并非18世纪才传入欧洲。包括兵家文化在内的中国大量先进文化技术通过丝绸之路和其他各种方式，在久远前便流入了欧洲地区。唐代诗人王维"劝君更尽一杯酒，西出阳关无故人"的酒诗，也反映了丝绸之路与兵家文化之间的内在联系。自汉代以来，阳关一直是中国内地出使西域的通道，从军或出使阳关之外，在盛唐人心目中是令人向往的壮举。

柯彼德对记者说，中国酒文化源远流长，丝绸之路悠久绵长。无论是中国葡萄酒之路还是丝绸之路，在传播中国酒文化和丝绸文化的同时，都无不把博大精深的中国兵家文化传播到了西方。

瑞士学者:《孙子》像一把"瑞士军刀"

"把《孙子兵法》比作'瑞士军刀',这个比喻很形象。"瑞士苏黎世大学著名汉学家、谋略学家、孙子研究学者胜雅律在接受记者采访时说,瑞士人喜爱"瑞士军刀",也喜爱《孙子兵法》。

"美国军官和士兵们把瑞士的军官刀具简称为'瑞士军刀',今天这个名称已成为多用途'袋装'刀具的代名词了,有点像我出版的口袋书《孙子兵法》,非常实用。"胜雅律诙谐地说。

瑞士军方因士兵配备这类工具刀而得名。瑞士军刀功能全面、设计精巧,一刀在手仿佛拥有一个真正的万能工具箱,需要时能像变魔术一样组合出各种功能来,是理想的装备。1945年至1949年间,大量的军刀通过美国军事学院的商店销售给美国陆军、海军以及空军,瑞士军刀从此享誉世界。

胜雅律介绍说,瑞士军刀享誉全球,在讲英语的国家和地区广受青睐。瑞士外交官和军方高级官员经常向他们所访问的东道国赠送瑞士军刀。美国总统曾在白宫将刻有其姓名首字母的4000把袖珍瑞士军刀赠送给客人们,后来罗纳德·里根总统和乔治·布什总统也遵循了这一传统。

而《孙子兵法》也享誉全球。胜雅律说,不仅在讲英语的国家有英文译本,在世界上30多个国家,《孙子兵法》有数十种语言文字的译本;不仅在军事领域,在商业等各个领

《孙子兵法》像瑞士军刀,实用价值日益显现

域，全世界都在应用《孙子兵法》。"瑞士军刀"是"万能工具箱"，而《孙子兵法》是"万能工具书"。

在世界畅销的《孙子兵法》中，出版商在介绍《孙子兵法》的重要性时说，《孙子兵法》就是军事理论的"瑞士军刀"，可以应对一切局面。胜雅律认为，这话不无道理。他看好《孙子兵法》具有"瑞士军刀"的万能效应，而翻译的《孙子兵法》口袋书在上海和台北出版，目前已被翻译成12种文字，在全世界流行。

胜雅律告诉记者，《孙子兵法》的现代意义和实用价值越来越显现。近几年，他应邀到德国、英国、瑞士等国及中国大陆和中国台湾讲《孙子兵法》及其谋略智慧，目前正在出版《智谋与管理》一书，给企业家提供最需要、最实用的"瑞士军刀"。

欧洲学者：《孙子》的实用价值日益彰显

德国孙子研究学者柯山对记者说，与多如牛毛的其他经济管理书籍不同，《孙子兵法》具有不可替代的实践和应用意义，孙子的智慧不可复制。他以中国、日本和美国的经济发展为例，论证了《孙子兵法》对日美企业的发展影响非常大，收益也非常大。而《孙子兵法》对欧洲经济发展同样有帮助，其实用价值正在日益彰显。

柯山说，《孙子兵法》的应用已从军事领域扩展到企业管理、行政管理、商业竞争、人才开发、体育竞技、文化战略、金融股市，乃至情报反恐等诸多领域，这是绝无仅有的。在各个领域的广泛应用中，人们不仅在中国古人的深邃思想中获取启迪，同时又为中国传统兵学注入了新时代的活力。

法国经济学博士费黎宗出版的《思维的战争游戏：从〈孙子兵法〉到〈三十六计〉》，以一个西方高级企业决策者的体验与眼光来评述和验证这两部著作，来观察古老的中国文化遗产如何在现代社会的实践中得到验证，及其在与西方文化的交流中如何相互融会。他提出，真正的战争不是发生在战场上，而是发生在决策者的头脑中，只有在智慧的对决中战胜对手，才能在较量中所向披靡。

该书的编辑推荐说，2500多年前，当中国哲学家孙子写《孙子兵法》的时候，他不可能想象出这本书今天在美国的运用。早在20世纪80年代，它就已经成为公司主管和投资者的"圣经"了。

意大利前国防部副部长斯特法诺·西尔维斯特里说："我研读时发现，《孙子兵法》好就好在它不仅是一部军事著作，更是一部政治书、外交书、哲学书。近20年来，《孙子兵法》在意大利受到重视，成为一种时尚，被军事院校、企业广泛应用。"

马德里大学西班牙及中国语文教授马康淑博士认为，《孙子》十三篇

塞尔维亚文《孙子兵法》
智慧，更好地学习应用。

警句阐述的既有兵家智慧，又有人生智慧、经商智慧、谈判智慧，是无与伦比的大智慧。可以说，《孙子兵法》才真正是全世界的智慧，是最实用的智慧。

一本再版多次的意大利版本《孙子兵法》在介绍中写道，2500多年前创作的中国兵法，集孙子前的兵法智慧之大成，这部东方军事哲学书影响了许多世纪，现在这部书居然在管理上为全世界所应用。因为孙子不仅教怎么在战场上取得胜利，而且教其他领域和日常生活中最经典的谋略——"不战而胜"。《孙子兵法》是一部很有思想哲理的书，孙子的智慧给予人类很多启迪。再版此书，是为了让意大利人了解中国孙子的

在一本葡萄牙文的《孙子》介绍中有这样的叙述，产生于2500多年前的《孙子兵法》，在军事上是一本很重要的军事著作，它不仅可以被运用到军事上，而且还是一本人生哲学书。25个世纪以来，它被东方广泛阅读和使用，从战国时代的军事家到现代的毛泽东，都运用过；在西方，它不仅被运用于战场，而且在企业运作上都有实效。孙子的谋略、主张务实，运用智慧、知识，达到不用兵卒就能打胜仗的效果。

捷克文《孙子兵法》在序言中指出，中古时期的中国文化将永远是一个珍贵的源泉，供人类社会不断地汲取，产生新的活力。《孙子兵法》一书就是例证之一。其十三篇不但对战争有着普遍的指导意义，而且他的智慧已超越时空，超越军事这一特殊领域，更广泛地运用于外交谈判、商业竞争、体育竞技等各个领域。

波兰科学院政治学研究所研究员、著名孙子研究学者高利科夫斯基评价说，《孙子兵法》所阐述的行为原则可用于涉及利害冲突的各种社会行为，因而，孙子是"行为学的先驱"，《孙子兵法》可称为行为学的基础，

其所阐述的行为原则在当代仍有生命力。它不但体现在军事上，而且在经济贸易上也很实用。在中国古代学术思想中能够如此重视科学方法的智慧成果，确属不易。

德国学者：孙子思想具有无与伦比的普世价值

"孙子思想的普世价值越来越显现，被东西方普遍接受，认可度极高。"德国美因茨大学翻译学院汉学家柯山在接受记者采访时表示，《孙子兵法》的特殊贡献不是应用于战争，而是应用于包括商战在内的全球各个领域。

柯山说，他还没有发现有哪一本书像《孙子兵法》那样受到全世界的追捧，并在全世界广泛应用。《孙子兵法》的应用已从军事领域扩展到企业管理、行政管理、商业竞争、人才开发、体育竞技、文化战略、金融股市，乃至情报反恐等诸多领域，这是绝无仅有的。在各个领域的广泛应用中，人们不仅在中国古人的深邃思想中获取启迪，同时又为中国传统兵学注入了新时代的活力。

柯山是唯一以《孙子兵法》论文获得博士学位的德国人，他的博士论文题目是《兵法与工商：超文化反响在用孙子兵法当倡议的中西企业管理读物》，他的论文出版后受到德国工商界的关注。

柯山对记者说，与多如牛毛的其他经济管理书籍不同，《孙子兵法》具有不可替代的实践和应用意义，孙子的智慧不可复制。他以中国、日本和美国的经济发展为例，论证了《孙子兵法》对日美企业的发展影响非常大，收益也非常大，从中还可以看到中国经济发展的智慧和成功。孙子的理念对中国的崛起很有帮助，对欧洲乃至全球的经济同样会有帮助。

柯山表示，《孙子兵法》已经不是简单意义上的战争著作，它成了政治、经济、外交各个领域领导者的必读书。孙子思想的世界性传播有着重大的现实意义。西方许多权威人士认为，孙子是超越中华文化圈、对世界产生巨大影响的少数中国伟人之一。《孙子兵法》在世界范围产生了广泛而深刻的影响，这点是举世公认的。

德国学者评价孙子思想

　　曾当过中德文化交流大使的柯山，热衷于中德跨文化交流。他认为，《孙子兵法》不仅具有独特的商业价值，而且具有很高的文化价值和哲学价值。面对全球的冲突与和谐、战争与和平，我们都需要学习和应用孙子的思想。凡是有冲突的地方都要应用好《孙子兵法》。

　　柯山表示，西方人称孙子为"兵学鼻祖"，把《孙子兵法》视作"兵学圣典"。在许多西方人对东方文化还不够了解、缺少理解甚至已然误解，大多数东西方文化交融还面临困难的大背景下，孙子思想却得到东西方的高度推崇，这足以证明孙子思想具有无与伦比的普世价值。

波兰学者称孙子是中国行为学的创始人

波兰科学院政治学研究所研究员高利科夫斯基曾多次访问中国,他参加了在中国举办的第二届和第三届孙子兵法国际研讨会。他在会上发表了论文《孙武——中国行为学、斗争哲学和科学的创始人》,国际《孙子兵法》学术界认为其观点有新意,经得起推敲。

高利科夫斯基高度评价了孙子理论的学术价值,指出孙子思想在中国古代思想领域里独树一帜,对中国的社会科学思想起了积极的推动作用。孙子理论具有科学性、开放性和开拓性,在规范中国人的思想和文化方面是十分重要的。同孔子和儒家一样,从人类学的观点看来,孙子的著作和兵家思想,应列入重要的学派。

高利科夫斯基指出,孙武在中国思想史上的重要地位被中西学者普遍低估了。由于他的著述被视为具体的军事书籍,所以人们对书中提出的方法论及阐述的哲学概念未能给予充分注意。

高利科夫斯基评论说:"孙子的一项十分伟大的成就是他对现实的科学态度……书中提出的对社会现象要以科学的态度来看待与分析,包含着某些定量分析概念。"

他评价说,《孙子兵法》在中国甚至于在全世界,都是最早提倡对社会现象采取科学分析方法的第一本书,其中包括若干量化评估的观念,以及对自然法则的应用。在整个中国古代思想领域中,孙子是一个孤独的先驱者。

他认为,孙子思想中含有一种独一无二的理论,在西方找不到与其平行的思想,这是一种高度抽象的观念,其所能应用的范围并非仅限于战争而可以推广到任何其他适用的范围。他还评价孙子的理论不但别出心裁,而且也是合理的,并以一种数学性的智慧为基础。因此可以认为孙子是行

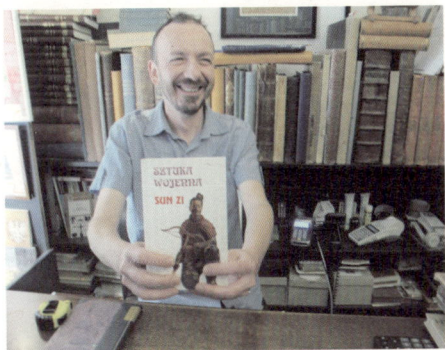

波兰学者称孙子是中国行为学的创始人

动学的先知,而这也许是对中国思想最重要的贡献。

他提出,孙子所阐述的行为原则可用于涉及利害冲突的各种社会行为,因而,孙子是"行为学的先驱",《孙子兵法》可称为行为学的基础,其所阐述的行为原则在当代仍有生命力,它不但体现在军事上,而且在经济贸易上,都很实用。在中国古代学术思想中能够如此重视科学方法的智慧成果,确实十分罕见。

他指出,孙子理论认为,战争具有普遍意义,很容易把那些规则用于其他形式的竞争,用于社会关系矛盾或用于市场竞争。而克劳塞维茨和西方的思想一般认为斗争规则只适用于自身领域。因此,在西方军事思想中,战略和战术相分离,而把战争规则应用于民事生活与和平的社会关系中是不可想象的事。

高利科夫斯基的一些主要观点和理论被编入1993年出版的《孙子兵法辞典》中。他提出,要对中国社会、政治生活和思想方法有一总体的了解,就不仅需要懂得孔夫子的"正道",也要懂得孙武的"诡道"。此论点已被1991年版的《中国兵书名著》出版说明所引用。

《孙子》在美国书店、图书馆频频亮相

"旧时王谢堂前燕，飞入寻常百姓家。"这句中国古诗用在美国居然也颇为贴切。记者在美国各大城市发现，中国2500多年前的古书《孙子兵法》，不但在美国主流书店和图书馆都能找得到身影，而且进入了美国的千家万户。

位于市政中心市府大楼拉尔金街一侧的旧金山公共图书馆，是一个以服务旧金山市民为主的公共图书系统，地上六层，地下一层，共有300台电脑终端机，可容纳约1100部手提电脑。记者看到，一位美国老太太正在电脑前聚精会神地阅读美国准将格里菲思翻译的《孙子兵法》。这位老太太告诉记者，她很喜欢中国的孙子，最喜欢读的就是在亚马逊畅销的这本中国兵书，它给人以智慧，许多美国人都喜欢读。

据美国媒体报道，《孙子兵法》长达3年位居《纽约时报》畅销书排行榜，在美国总发行量超过600万册，曾连续数月雄踞亚马逊排行榜第一名，一度创下一个月1.6万本的销量。

《孙子兵法》在美洲地区的流传和影响，主要是在美国。在美国各大城市、各个机场书店和各个图书馆里，都会发现各种版本的、被翻译成《战争艺术》的《孙子兵法》。

记者看到，在美国纽约第五大道书店，烫金的英译本《孙子兵法》被放在进口处的醒目位置，与畅销书放在一起。在洛杉矶一家书店的"军事历史"书架上，《孙子兵法》的英译本独占鳌头，有17种版本。书店工作人员告诉记者，在历史类图书中，要数《孙子兵法》最受读者欢迎。

在哈佛大学、斯坦福大学、哥伦比亚大学图书馆，《孙子兵法》中英文版都很齐全。哈佛大学书店，《孙子兵法》与哲学书籍放在一起，哈佛的学者和学子把它当作经典哲学研读。在美国国会图书馆网络检索入口，选择简单检索方式进行主题检索，就能检索出《孙子兵法》的英文记录204条。

美国各大机场的书店都能买到《孙子兵法》，而且版本很多。记者在旧金山机场看到，候机大厅里有人正在翻阅《孙子兵法》。正如美国

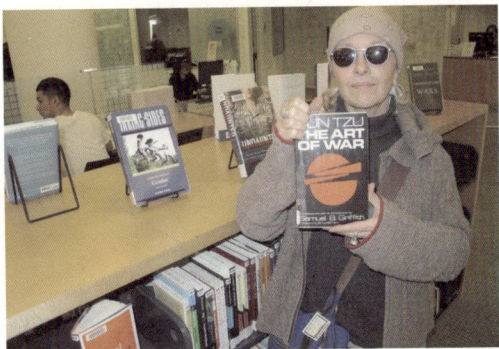

美国旧金山图书馆馆藏《孙子兵法》1000多种

企业家——萨姆·J.塞巴斯蒂安尼所说："假如我手中拿着最后几本书匆匆奔向机场跑道，那几本书将是《圣经》、《孙子兵法》、《新厚黑学》。"

在美国亚马逊网站上输"Sun Tzu"（孙子的英文译名）进入图书频道检索，结果大致与被誉为现代管理之父的德鲁克和股神巴菲特旗鼓相当，有1500个以孙子为题的简装书名，难怪美国许多书店把《孙子兵法》与世界著名商业书籍并为一类。

据美国《洛杉矶时报》报道，《孙子兵法》的英译本在美国依然洛阳纸贵。出版该书英译本的牛津大学出版社美国发言人说，该书一向名列畅销书龙虎榜，目前在该社畅销书中排第二。

不但现代的中国被许多美国人逐渐了解，就连古老的中国传统文化也渐渐地被越来越多的美国人所认知。美国小说家詹姆斯·克拉维尔在为美国出版的《孙子兵法》英译本所写的序言中坦言："所有的现役官兵，所有的政治家和政府工作人员，所有的高中和大学学生，都要把《孙子兵法》作为必读教材。"

纽约时代广场"造势"达到登峰造极

古代兵家人物、当代军事将领、"二战"结束之吻雕塑、世界和平种子瓶、中国武术太极、兵马俑、星球大战、赤壁之战……被称为美国文化中心、堪称纽约乃至美国标志、"世界的十字路口"的纽约时代广场,在成千上万个商业广告片中,没有忘却战争与和平这个永久的主题。

而纽约时代广场最令人神往的是"造势",这里的"造势"水平已达到登峰造极的地步,在全世界堪称凤毛麟角,无可比拟。这里成为世界上最会"造势"的地方,也是全世界商业广告"势头"最旺的地方。

美国孙子研究学者称,《孙子兵法·势篇》阐述的战势变化和造势用势,在这里演绎得精妙绝伦。孙子提出"奇正相生"、"变化无穷"等战略造势思想,善于指挥打仗的将帅十分注重"造势",即造成一种有利的战略态势,利用"势"使自己的利益最大化。在全球商业竞争全面来临的时代,商业广告"造势"的领头羊非纽约时代广场莫属。

孙子说,善于指挥作战的人,总是希望通过造成有利态势去夺取胜利。纽约时代广场已成为全球游客集中的热点,是每一个观光客来到纽约的必到之处,也是纽约作为一个国际城市最重要的宣传中心地带,几乎所有在世界上知名的品牌都希望在这一个寸土寸金的地段,把自己的宣传挤进去,以吸引全世界的眼球,获得广告效应的最大化。

孙子说,战势不过奇正,而奇正的变化却无穷无尽。纽约时代广场仿佛从天上飘向人间的彩练,又仿佛从高空洒向地面的颜料,上下左右,四面都被缤纷的色彩紧紧包围。映入眼帘的是满眼的广告、霓虹灯和巨大的屏幕,五光十色、争奇斗艳,色彩时而强烈,时而柔和,时而艳丽,时而明快。半圆柱型的NASDAQ巨幅广告,不停变幻着黑、蓝、红的冷热面孔,似乎在预示着这世界金融中心的股市风云变幻。

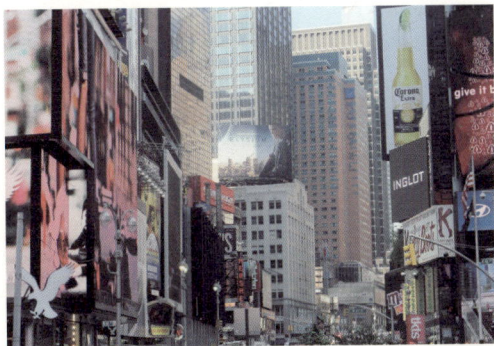

纽约时代广场

孙子说，奇正互相转化，就像圆环一样无始无终，谁能找到它的终端呢？在纽约时代广场，商业广告片的转换可谓神奇莫测。或如排山倒海，向人们扑面而来；或如小桥流水，向地面温柔流淌。那跨年水晶球的"圆环"，在时代广场上空能发出1600万种醒目的颜色，变幻出数十亿种瞬息万变的光彩，如万花筒般绚丽多彩，无始无终，令人眼花缭乱。

孙子说，善于用兵打仗的人，他所造成的客观兵势是险峻的，他所采取的行为节奏是短促的。险峻的兵势就像张满的弓弩，短促的节奏就像猝发的弩机。在纽约时代广场播放的中国威海形象片，由16个"动静结合，以动为主"的镜头组成，国际帆船赛事在蓝色海湾举行，铁人三项选手沿着旖旎海岸线竞发，滑板少年飞跃城市地标，精英人士在高尔夫绿地上挥杆击球……这一切都体现了孙子的"险峻与短促"。

孙子说，善于出奇制胜的人，其战术变化，就像天地万物那样无穷无尽，像江河之水那样通流不竭。日月运行，昼夜往复。无论白天还是黑夜，纽约时代广场上，无数巨幅电子广告牌24小时不停息地、以数秒钟的速度变换着艺术精致的广告短片，散发出耀眼夺目的光芒，让人只记得那些美丽耀眼的广告牌，而分不出那是灯光与日光相辉映的白天，还是灯光有如日光的夜间。

孙子说，善于指挥军队作战所造成的态势，就如同圆石从万丈高山上滚下来那样，这就是所谓的"势"。纽约时代广场在世界政治和经济上扮演着不可替换的重要角色，在这里涌动的是世界不同肤色、不同国家、不同民族势不可挡的人流，展示的是一个没有舞台的声势浩大的舞台，没有导演却导演出气势磅礴的世界舞台剧。

阿拉伯人需要了解孙子文化

开罗大学中文系前系主任希夏姆·马里基对记者介绍说，阿拉伯语《孙子兵法》已有三种版本，分别是从法文、英文和中文翻译过来的，对阿拉伯国家及人民研究、传播和应用孙子智慧与谋略很有意义。

位于北非的埃及是非洲最大的民族，是一个具有悠久历史和文化的古国，和古巴比伦、古印度、中国并称"四大文明古国"。埃及人民与中国人民早就有往来。2世纪时埃及就从古书上了解到中国；从4世纪起，中国的丝织品、瓷器、造纸术、火药、指南针等相继传入埃及；15世纪又曾两次遣使于明。

希夏姆介绍说，埃及艾因·夏姆斯大学最早开设汉语教学，是非洲、中东地区和阿拉伯国家第一个讲授汉语的大学，他曾在这所大学任教。开罗大学筹建中文系，他担任过主任。这两所大学再加上爱兹哈尔大学和苏伊士运河大学，共有4所公立大学和私立的埃及科技大学开设了中文系，开罗大学和苏伊士运河大学还相继建立了孔子学院。

希夏姆对记者说，作为同是世界文明发源地的埃及，对中华文明和中国传统文化有着极大的兴趣，"汉语热"正在持续升温，越来越多的大学开设中文系，中国文化中心、埃中友协等机构还设有汉语学习班，但依然难以满足埃及民众对汉语学习的热切需求。许多埃及和阿拉伯人急切了解中国文化，对中国古代经典《孙子兵法》也非常好奇，希望通过学习汉语与中国学者进行交流，共同挖掘世界两大文明古国的文化遗产。

"非洲和阿拉伯国家人民很需要了解包括《孙子兵法》在内的中国文化。"希夏姆说，"尼罗河电视台是埃及主要电视台，在埃及乃至阿拉伯世界拥有大量受众，该台通过卫星电视频道播送汉语教学节目。除了汉语教学，该台还介绍儒家、兵家等中国传统文化，受到阿拉伯观众的广泛关注。开罗大学孔子学院开设中华才艺课,举办中国文化之旅,介绍并传授太极拳,向埃及和阿拉伯人传播中国兵家文化。"

2009年,时任中国国务院总理的温家宝来到开罗中国文化中心,埃及朋友为他表演了太极拳。温总理看后说:"中国文化博大精深,了解和学习中国文化,不仅要注重形式,更要懂得其中的哲理。刚才的节目有文有武,有张有弛,体现了你们对中国文化意境的理解。中国人练习武术,是为了锻炼身体、磨炼意志、提升心智。《孙子兵法》里讲'不战而屈人之兵',大家要很好地体会其中的境界。"

希夏姆告诉记者,阿拉伯语《孙子兵法》的版本原先只有一个,是从法语翻译的,不太适合阿拉伯人的阅读习惯,并且远远满足不了阿拉伯国家的需要。于是,他从汉语直接翻译《孙子兵法》,增加了100多位专家学者对《孙子兵法》的注解,以及全球各个领域应用《孙子兵法》的经典案例,以便让更多的阿拉伯人看得懂、能应用。

希夏姆透露,非洲国家读者中对《孙子兵法》最关心的是军人,埃及军队许多军官都研读过《孙子兵法》,认为孙子的军事谋略思想对埃及军队很有帮助,且对现代化战争仍有指导作用。但他们读的不是阿拉伯母语,大都是英语,他们非常需要母语版本的《孙子兵法》。埃及最高军队领导学院曾两次邀请希夏姆讲授《孙子兵法》,他们最欢迎的也是用母语讲授《孙子兵法》。

这所军事院校不仅面向埃及,以及且面向非洲和阿拉伯国家的军队,和1000多名中高级军官。有一位企业

巴勒斯坦人对孙子很崇拜

家买了希夏姆翻译的100本阿拉伯语《孙子兵法》,赠送给这所军事院校,学员们争相阅读,爱不释手,希夏姆说。

非洲学者称喜欢《孙子兵法》不分种族肤色

记者在北非的埃及和非洲南部各国的机场、书店看到，阿拉伯版和各种英文版本的《孙子兵法》很齐全，翻阅的黑人读者亦不乏其人。非洲学者称，《孙子兵法》是一部充满着智慧的书，智慧不分国界，不分种族，不分肤色，不分语言，不管是谋事处事还是待人接物，总能从其中找到灵感。

约翰内斯堡的一位黑人球迷告诉记者："虽然我对《孙子兵法》这样深奥的古书看不懂，但许多南非黑人和我一样，很喜欢中国文化。我们都知道有这样一本兵书，是足球明星的最爱，甚至有人带着这本书到南非世界杯来，这让我们很惊奇。"

海王国际肯尼亚分公司总经理助理佛朗格西斯，是一位黑人青年，他喜欢中国文化，对《孙子兵法》有着特殊的迷恋。问他读这本书的收获是什么，他回答说："我把孙子当伟大的导师看，非常崇拜。"

弗兰克西斯毕业于内罗毕大学，学的是经济，不过一直对中国文化有着浓厚的兴趣。在弗兰克西斯看来，中国的历史和文学，让他在工作中获益良多。尤其是《孙子兵法》，更是他长期捧读的经典。他从《孙子兵法》中获得了一个启迪：与其把竞争对手消灭掉，不如把他团结成朋友。

宁夏国际穆斯林出版机构版权贸易洽谈会休息期间，一位突尼斯来宾表示，希望能得到《孙子兵法》的波斯文版本。黄河出版传媒集团的工作人员告诉这位外宾，该集团确实出版过波斯文版的《孙子兵法》。最终，在工作人员的帮助下，他了却了心愿。

开罗大学中文系前系主任希夏姆·马里基说，非洲国家很需要了解中国文化，对中国古代经典《孙子兵法》也非常好奇。他们希望通过学习汉语与中国学者进行交流，共同挖掘世界两大文明古国的文化遗产。

在非洲人眼中，中国符号就是《孙子兵法》和中国功夫。在非洲，中国武术馆和武术学校遍地开花，埃塞俄比亚共有10个州，其中有5个州设立了武术协会，在其首都就有17家中国武术学校或武术培训俱乐部。在南非、北非和东非，中国功夫片一直是最叫座的电影，身着中式服装、练习功夫的非洲人也越来越多。

盛产钻石而享誉世界的南非，把武术比喻为中国的钻石。对《孙子兵法》颇有研究的南非前总统曼德拉曾到访中国，参观过少林寺，对中国武术与兵家文

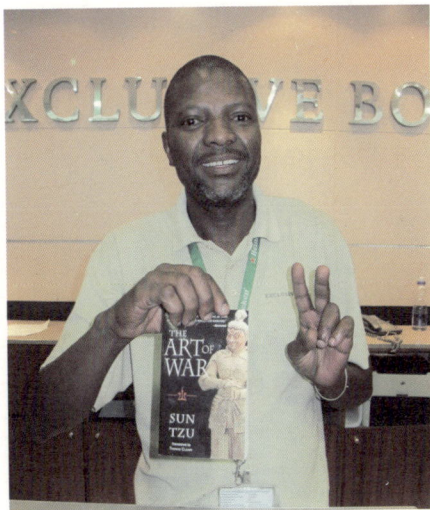

非洲学者称喜欢《孙子兵法》不分种族肤色

化的关系有一定的了解。他说："从武术中可学到中国的和谐文化，我本人对中国的阴阳理论和和谐思想非常推崇。"

有位南非的大学教授已坚持学习中国武术7年了。他认为，武术不仅是一种运动，更是一种刚柔相济的艺术，能给人智慧。他决定"练一辈子中国功夫"。

洪兵:《孙子兵法》闪烁现代竞争的"理性之光"

　　中国资深战略研究专家洪兵指出,《孙子兵法》,这本兵书距现在已经有2500多年了,它充满了神秘,充满了智慧,号称天下第一奇书。现在军事上的将军们在学,政治家也在学,企业家也在学,外交家也在学,应用的范围非常广,影响的效果也非常好。这么一本古老的兵书经过了2500多年,为什么到现在还有这么大的价值,还有这么普遍的跨时空的指导意义?它的魅力、它的价值、它的现实指导意义到底表现在什么地方?我们今天为什么越来越推崇这本书?

　　洪兵介绍说,《孙子兵法》不仅是2500年来战场上将军们的教科书,也被现代社会广为吸收和融合。它体现在社会生活的方方面面,在领导艺术、人事管理、社会竞争、人生追求甚至家庭关系等方面,也有着这样或那样的应用性联系。我们如果细心地浏览一下图书馆和书店的书目,就可以轻易地找到这些方面的应用书籍。

　　《孙子兵法》全面深刻地揭示了天之道,它告诉你很多竞争的法则、竞争的理念。孙子在他的书里讲天之道、讲竞争学问的时候,讲过知彼知己、避实就虚、以迂为直,里面隐含着一些思想,叫以静制动、后发制人、以柔克刚、不战而胜……这些都是非常高深的竞争学问、竞争法则。你把它掌握住了、悟透了、想明白了、运用好了,我可以肯定地说,你会打遍天下无敌手。这是强者之选。

　　但是,《孙子兵法》里面包含了中国传统文化积极向上的人之道,它强调人之道。这个道包含了人之道的意思。还有,《孙子兵法》强调的是高层面的、致胜于无形的、战略层面的一种智慧的较量,它反对一种低层面的、直接的、硬性的、残酷的碰撞,实际这就是一种理性竞争的表现,是一种人之道的体现。

洪兵

洪兵说，这是一个竞争激烈、创新图存的时代，但以往人们熟悉的西方竞争理论无法令人信服地解释现实问题。无论是自由的市场经济理论，还是国家宏观干预理论，都已不是灵丹妙药。越来越多的人，包括西方企业家和理论学者都从古老的《孙子兵法》中得到了重要启示。《孙子兵法》的当代应用价值十分明显地凸现出来了。

在洪兵看来，《孙子兵法》是一个有机的整体，其中的每一步战略思维都是相互映照的，它启发人们如何在对抗中取得最有利于自己的结果。孙子说："先为不可胜，以待敌之可胜。"按照常人的思维，遇到对手时出现的第一个念头就是要把他打倒，"但孙子说，错了，你不应该想着怎么样打倒对方，而是要想着怎么样不被对方所打倒。先要使自己立于不败之地，再去战胜对手"。

洪兵评价说，《孙子兵法》作为揭示竞争规律的顶尖之作，展现出引导人们走出现代竞争迷宫的"理性之光"。这种"理性之光"，通过一系列"以智克力"、"以柔克刚"、"不战而胜"等深刻的战略理念展示出来，通过蕴涵在其中的"以德服人"、"天人合一"等深刻的哲学理念展示出来。

第二章　生活哲学

全球哲学家视《孙子》为智慧宝典

记者在亚洲、欧洲、美洲的不少国家和地区的书店里看到,《孙子兵法》是放在哲学书区里的。可见全球许多学者是把这部兵书当作经典的哲学书来读的,有些学者乃至翻译者本身就是著名的哲学家,他们在孙子的思想里找到了中国传统哲学思维方法的精华。

一辈子从事把中国哲学介绍到世界的夏威夷大学哲学系教授安乐哲,就是其中最为突出的代表,他是西方《孙子兵法》哲学思想的主要"推手"。安乐哲表示,《孙子兵法》是世界观、宇宙观、方法论,是哲学的思考,是社会最实用的智慧,对全世界和全人类都非常有用,这就是他向世界推广孙子哲学的原因。他没有纯粹地把世界第一兵书《孙子兵法》作为军事理论,而是作为经典哲学加以推崇。《孙子兵法》所揭示的哲学思想是丰富而深刻的,具有很强的实践性,对世界哲学产生了厚重而深远的影响。

安乐哲的德国好友、科隆大学翻译家吕福克同样对孙子哲学有着很高的认可度。他说,孙子在欧洲很有名,德国人很喜欢孙子,其中一个重要原因是孙子思想闪耀着哲学的光芒。人们从这部享誉世界的智慧宝典中寻求兵法理论与哲学思想、管理理念的契合点,这已经成为世界上许多国家的普遍现象,这也是孙子思想流传千年仍然"活着"的重要原因。

芬兰文版《孙子》译者马迪·诺约宁表示,《孙子兵法》是中国文化走向世界的"杰出品牌"。孙子的哲学思想对现代人特别有意义,对所有的人都有启迪和帮助。

意大利有一个翻译版本在序言中写道,《孙子兵法》是一部很有思想哲理的书,孙子的智慧对人类有很多的启迪。再版此书,是为了让意大利人了解中国孙子的哲学智慧,更好地学习应用。

加拿大汉学家白光华经过东西方哲学比较认为,世界上也许只有中国才是具有最不同于西洋文化传统的唯一的国度，是一个有着丰沃哲学土壤的文明古国。加拿大约克大学哲学系教授欧阳剑开设了中西哲学比较的课程，包括了《老子》《孙子》《庄子》在内的中国哲学的经典著作。他认为，加拿大是个很年轻的国家，需要向中国这样有着几千年智慧的国家学习。

日本孙子国际研究中心理事长服部千春博士说，该中心宗旨是"在全世界正确传播孙子的哲学与思想，建设和平安全的国家"。2500多年来，《孙子》的哲学之所以能保持不灭的价值，在于其超越了时代和地域的差异，不仅道出了具有普遍意义的战争与和平哲学，而且写出了吸引人们的带有普遍意义的思考。

韩国学者认为，《孙子兵法》是一部饱含哲学思想的著作，它是涵盖了大智慧的学问。朝鲜半岛把《孙子兵法》融入哲学，朝鲜时代的知识分子把《孙子兵法》作为哲学来学习，从中汲取哲学思想。孙子的哲学思想和智慧影响了一代又一代的韩国人，使韩国涌现出一批哲学和社会科学研究家。

印度学者认为，无论是《孙子兵法》还是《薄伽梵歌》，都充满了东方哲学的智慧。中国哲学与印度哲学尽管有差异，但要阐释的道理却有许多相通之处。中国古代兵书《孙子兵法》与印度古书《薄伽梵歌》先后变成了哈佛等院校商学院的必修课，并成为欧美大企业总裁及高管的必读秘籍，这不是一种偶然的巧合，而是东方哲学融合的必然结果，是中印两个东方文明古国交汇融通而创造的世界上最灿烂文明的结晶。

新加坡孔子学院院长许福吉博士说，《孙子兵法》是放之四海而皆准的，它放射出的哲学智慧光芒闪耀了2500多年，至今受到全世界的推崇并被广泛应用于各个领域。我们把《论语》和《孙子兵法》一起传授，把儒与兵、文与武、柔与刚、软与硬，交融在一起。

曾为新加坡棋艺创造了一个全盛年代的亚洲象棋总会副会长吕罗拔，是海外华人演讲《孙子兵法》第一人。他发表的《象棋哲学》，是一篇浸透兵法智慧谋略的"兵家哲理"："象棋将、相、兵、车、马、炮，棋盘一摆开，就是硝烟弥漫的战场，而更深奥的兵法哲理尽在棋局之中。"

中国台湾科学委员会研究员严定暹，是全球屈指可数的女性《孙子兵法》研究学者。她在台湾以"格局决定结局"来介绍孙子的哲学观念,因为中国的哲学旨在指导生活,所以很贴近大众生活。该观点后著书成册,在大陆出版发行,十分畅销。她说,她极喜爱这个书名,因为能全方位且深入地表达《孙子兵法》的哲学思想。《格局决定结局》也是中国文化中哲学思考的基准,能启迪哲学思维。

《孙子兵法》融入日本国民生活

"日本治国、治企、治家都用《孙子兵法》。"资深日本华文传媒人蒋丰在接受记者采访时说,日本人爱读《孙子兵法》,有人把它作为自己的人生指南,也有人把它作为自己的座右铭,更有人把它作为日本人规范行为、处理人际关系的箴言。

蒋丰是东京华人中颇具影响的《日本新华侨报》的总编辑,老家北京,出国前学过历史,做过媒体,来日本已有24个年头,对中日两国的历史文化都有很深的造诣。他在接受记者采访前,还在环球网"蒋述日本"专栏讲述《孙子兵法》在日本的传播和应用。蒋丰对记者说,在日本,《孙子兵法》几乎尽人皆知,日本人爱读《孙子兵法》甚至超过了中国人。走进东京的书店,《孙子兵法》的书籍林林总总有280多种。

蒋丰拿出在东京书店买的十多本《孙子兵法》给记者看,有孙子漫画、孙子小说、活用孙子、孙子口袋书、孙子学术顶端的文库书、孙子科普书、孙子娱乐书。有的书的封面上标有"为了取胜我们应该做什么"、"世界上最容易懂的书是《孙子兵法》"。蒋丰说,孙子的许多名言都成了日本人的口头禅,"知彼知己,百战不殆"等名言都被译成了日语中的固定词组,变得更加通俗易懂。在日本最狂热的棒球场上,运动员对孙子的警句也能脱口而出。

《日本新华侨报》总编辑蒋丰

日本的孙子研究一浪高过一浪，并影响了一代又一代的日本人。蒋丰介绍说，其影响面已由军事扩大到政治、经济、文化、生活等各个领域，尤其是商业领域，《孙子兵法》对日本商界的影响特别深刻，应用非常成功，引起世人瞩目。日本的许多《孙子兵法》专家，如开设"孙子经营塾"的坪川三郎等，也曾配合日本各类上司、经营者的个性特质而写出许多浅明的图解《孙子兵法》。

蒋丰认为，《孙子兵法》之所以在日本受到欢迎，是因为它与日本历史和日本文化紧紧地联系在了一起。中日两国文化交流源远流长，其中一个耐人寻味的现象是，从中国传入日本的文化许多都变成了"道"。比如，插花变成了"花道"，品茶变成了"茶道"，棋艺变成了"棋道"，柔术变成了"柔道"，书法变成了"书道"，而《孙子兵法》变成了"兵道"。在日本，这样一个"道"，就意味着舶来的中国文化是一种精神元素。

日本善于吸取中国古代战略思想的精髓，形成具有日本特色的战略文化。蒋丰举例说，日本"经营之神"松下幸之助认为，《孙子兵法》不仅是优秀的兵法书，还是卓越的处世经典，能教给我们经久不变的处世法则。

北村佳逸撰写了《孙子兵法与日常生活应用》的文章，阐述了他将《孙子兵法》应用于社会生活的观点。服部千春也认为，令许多日本人倾倒的《孙子》，其普遍的思索观念在现代生活中是必不可少的，它不是单纯的技术论，而是教给我们要重视人类社会的基础。《孙子》哲学对日本人的人生观产生影响，使之在不断全球化的21世纪社会中生存下去。

日本的福本义亮把《孙子》作为人生处世的座右铭，认为"盖孙子者，兵书而外交教科书也，亦人生百般座右铭也。今更生于新时代依个人之职务而活用之，处世上有所裨益也"。

蒋丰告诉记者，日本将《孙子兵法》逐渐升格为"人生战略学"，从《孙子兵法》中学做人做事。日本人很信奉孙子的"智、信、仁、勇、严"，尤其是"信"。日本的社会风气是不讲信用的人很难在社会上生存，他们将信用看得比金钱更重。日本人普遍被认为守时重信，在约定时间后，一般情况下绝不迟到，他们认为迟到是对人失信，也是对人最大的不尊重。日本企业也很讲究信用，产品质量以精良著称于世。

蒋丰指出，时至今日，《孙子兵法》仍存留在日本人的头脑中，并成为全体国民的基本思想。正如日本《读卖新闻》撰文指出的："《孙子兵法》自奈良时代传到日本以来，给日本历史、日本人的精神方面以较大的影响。"也正如日本孙子国际研究中心成立时所宣称的："《孙子》的哲学之所以能保持不灭的价值，在于其超越了时代和地域的差异，写出了吸引人们的带有普遍意义的思考。"

日本国民始终保持居安思危的意识

早晨漫步在东京街头，映入眼帘的是一群群穿着深色服装、提着深色包，表情严肃、行色匆匆的"上班族"，仿佛在急行军。在自动扶梯上，人们都习惯地站在左侧，而把右侧让出一条快速通道来。日本人连走路都要超过别人，给人以一种强烈的沉重感。尽管东京车水马龙，但日本人开车遵循"车让人"的规则，体现了岛国极强的"生命意识"。

走进丰田、松下公司，那种时刻警醒、自我反思、谦虚而不张扬的气氛，给记者留下深刻的印象。随着人们对丰田汽车安全性顾虑的增加，丰田集团各个公司的危机感也随之加剧。在日本大地震发生前，各个公司都已慎重表示2011年的盈利状况"很难预测"，"虽然没有失去信心，但是也不能太过乐观"，更何况大地震后了。

日本国民崇尚东方智慧，这种居安思危意识的形成也深受中国《孙子兵法》的影响，这部字里行间透出睿智的兵书，让日本人最先受到启迪。孙子思想一直提醒日本人，居安思危，趋利避害。

名古屋城堡在德川家康重新统一日本之后作为重要的防御工事而被重建

日本在当今世界可算得上一流的超级发达国家，国民的生活水平是相当高的，但日本人民从小学就被教育要有危机感："除了阳光和有限的土地，日本一无所有。"日本知名华文媒体人孔健对记者说，生活水平在全球位居最高之列的日本人，让人觉得有些"寒酸"与"抠门"。即便是富得流油的日本人，也经常到居酒屋喝酒。一壶清酒，几碟菜肴，吃剩下的还要打包带回家，在他们的生活字典里找不到"浪费"两字。

日本是世界上最疯狂、最拼命工作的民族，像"勤劳的蚂蚁"和"机器人"。在长期受压抑的氛围中，日本人身心疲惫，积劳成疾，近年来日本"过劳死"现象严重，已经成为一大社会问题。日本人平均睡眠时间正在出现逐年减少的态势。白天拼命工作、学习、生活，到了晚上，酒吧成了日本男人的天堂，大都习惯三五知己或独自一人小酌后，才拖着醉态的步子回家，以解脱紧张的工作压力。

从事日本媒体工作的河野对记者说，自江户时代起，日本就盛行大男子主义，女人在家伺候丈夫。如今工作、生活压力越来越大，男人养不起女人，许多日本妇女走出家庭，寻找就业机会。而男人觉得很没面子，又无可奈何。

在日华商王远耀的公司吸纳了百分之九十的日本员工，其中不乏女员工。他说华人企业文化被大部分日本人接受，他们大都觉得华人企业比日本企业氛围宽松，有亲和力。在日本企业，上司不下班你就下不了班，上司让你下班后一起去喝酒，你有事也不得不去，因为这关系到你的奖金。日本员工不是靠工资而是大部分靠奖金的，更关系到他的职业的稳定，日本人的压力太大了，所以下班后就泡酒吧，借酒消愁。

日本知名评论家、作家麻生晴一郎认为，日本人的压力不是在表面，而是在骨子里。随着商品经济的发展，竞争对抗意识已深入到日本社会生活的方方面面，这也是2500多年后日本掀起"孙子热"的重要原因。日本人有危机感，总在不断地学习。

一位日本朋友告诉记者，日本人很喜欢拍励志片，矢志不渝地在营造一种激励意志的氛围；日本人试图用苦苦奋战的男人向全世界诠释什么是日本人；日本喜欢渲染自己的对手，哪怕没有对手也会创造对手，使其国民每时每刻感到危机的存在。他们对樱花有独特的情感，是因为樱花一起开放，一起落地，有悲壮的情调，由此产生同生死、共患难和不成功便成仁的心理。

日本有一首尽人皆知、童叟会唱的歌曲叫《荒城の月》，其歌词凄凉，意境悲惨，表达了对人生无常、世事无常的感伤。这是日本人对危机感的最好诠释。当出现石油危机、日元升值、金融危机时,日本人连睡觉都似乎睁着一只眼睛,生怕突如其来的灾害殃及自己。当9级强震、海啸、核危机袭击日本,"二战"以来最严重的灾难真正到来时,日本人表现出来的沉着、镇定、勇敢、机智,令世人吃惊。

日本在面对危机甚至危机还没发生之时,就已经做到"有备无患"了。危机意识已贯通到日本国民的意识中。学者称,忧患,架构着日本近代以来的全部历史。

"地震岛国"危机感渗入每个国民精神肌理

　　"3·11"强震业已过去，日本的旅游业刚有回暖迹象，城市里人气渐增，热闹了许多，但日本人在大灾难面前表现出的出奇冷静与淡定——面对核辐射，内心虽有恐惧却没有惊慌失措，东京街头步行回家的百万人秩序井然，上野公园成群结队地聚集在樱花树下把酒言欢，仍让人回味无穷。

　　孙子在《九变篇》中讲道："投之亡地然后存，陷之死地然后生，夫众陷于害，然后能为胜败。"所谓"亡地"、"死地"，在"地震岛国"的日本堪称典型。作为一个四面临海的岛国，日本地处西太平洋板块的断裂带，拥有大约200多座火山，地震海啸、火山喷发、台风豪雨，时常面临的灭顶之灾，给日本人造成了严重的危机感。

　　记者在大阪、名古屋和东京街头看到，避难处的告示图在车站、地铁、街面和酒店入口处随处可见，有关健康、安全的指示牌和宣传标语满街遍布，消防龙头和水的出口位置十分明显。此外大阪的超市里还有出售《大地震后日本对危机回避》等书籍。当地的华人告诉记者，这是日本一直坚持危机教育的结果，灾难意识已渗入每个日本人的精神肌理。日本永远弥漫着一种焦虑和危机感，似乎只有这样，它才能生存。

　　从日本中部到东京的一路上记者发现，马路整洁，绿树成荫，就连每辆出租车都干干净净，看不到灰尘，路上几乎看不到吸烟的，地上找不到一颗烟蒂。巴士哪怕只停十多分钟，也要在轮子的前后垫上阻挡物。每座立交桥上都安装了不锈钢扶手，生怕行人滑倒。在高速公路上设立的站点，在围墙上开了扇门，既安全又方便。所有这些都反映出日本有着极强的健康意识和安全意识，而这些意识都源于强烈的忧患意识。

　　日本国民居安思危、未雨绸缪的忧患意识出自岛国心理。在长期与自然灾害抗争的过程中，日本国民形成了极强的民族意识和危机感，这使得日本能够持续保持"生于忧患"的状态，始终拥有一种如履薄冰的危机感，时时刻刻处于警戒状态。

中部日本华人企业家协会名誉会长高建平介绍说，日本将防灾宣传教育作为重大国策，国民自儿童时期就必须接受防灾教育，每年的9月1日定为全国防灾演练日，学校和社区定期开展避险演练，国民普遍掌握自救互救技能。日本东北部及中部地区有2400座避难所，震后曾为40余万人提供了坚固、安全、卫生的安身之处。日本岛国森林覆盖率近64%，是世界上森林覆盖率极高的国家之一。日本还是世界上最长寿的国家，男女平均寿命均创全球最高纪录。这些也许都是日本强烈的危机感"逼"出来的。

日本人人人都有危机意识，这种危机意识使日本人不敢有一丝怠惰和不认真，凡事都从最坏的方面去考虑，从不敢掉以轻心。日本人常备"防灾物资"，包括手电式收音机、战备服、饮用水、战备饼干、备用医药品等，而"防灾食品箱"也几乎家家必备，人人必持。在每一个屋子或是可以安身的地方都放一瓶水，这都体现了《孙子兵法》的"防范于未然"。

在东京书店里，《日本危机》、《日本即将崩溃》、《日本的悲剧》等拥有惊心动魄书名的图书常年热销。日本经典大片《日本沉没》，是"日本忧患"的象征。拥有任天堂和索尼等游戏业界巨头的电子游戏大国的日本，在其代表作《绝体绝命都市》的每一部作品中，都将主角放在发生巨大自然灾害的危机四伏的城市中，让玩家从游戏中获得应对灾难的常识。

《日本新华侨报》撰文称，日本人居安思危，没有危机就产生危机感，从最坏处着眼，及早准备，把中国经典名言"忧患兴邦"发挥到极致。其国歌《君之代》旋律沉重、压抑、悲凉。也正是在危机感中，日本人发现机会，摆脱危机，在竞争日趋激烈的国际环境中取得优势。

朝鲜时代的知识分子把兵法当哲学

记者来到位于朝鲜开城市的高丽博物馆，开城市是高丽王朝时期的都城，这座古老的建筑最初为11世纪初叶高丽国的行宫——大明宫，后来又改作宣传儒教的"僧务馆"。公元1089年，在这里建立了最高教育机关"国子监"，后来改称"成均馆"，是朝鲜最早的高等学府，总占地面积为2万平方米。

高丽博物馆展示了中国大量用汉语文言文撰写的古籍、高丽士兵奋勇抗击外部侵略的图片、弓矢刀剑等兵器及书法绘画。这里还展示了活字印刷技术。

高丽博物馆讲解员介绍，中国汉字长期是朝鲜唯一的书写文字，高丽人用汉字记录自己的历史，并渐渐融入了中华文化圈，促成了中国兵家文化在朝鲜的传播。当时成均馆的主要课程，就是对学生传授中国的儒家学说和兵家思想。

有学者认为，《孙子兵法》是一部饱含哲学思想的著作，是涵盖了大智慧的学问。朝鲜半岛把《孙子兵法》融入哲学，朝鲜时代的知识分子把《孙子兵法》作为哲学来学习，从中汲取哲学思想。朝鲜五科考试，《孙子兵法》也被列入其中。朝鲜著名的爱国名将李舜臣也曾经历过这个考试，他读过《孙子兵法》、《吴子兵法》、《司马法》。朝鲜卫国战争中，李舜臣在中国明朝军队支援下，用《孙子兵法》战胜了日本。

李氏朝鲜很早就从《孙子兵法》里学会了如何筑城、守城、攻城；三国时代的百济国受中华文化影响很深，接受孙子思想传播很早；新罗时期，专门派人到中国学习中国的文化以及治国策略和兵法谋略；高丽时代，读研《孙子兵法》已很普遍，《吴子》、《武经七书》、《尉缭子》、《六韬》、《三略》等中国古代重要的兵书纷纷传入朝鲜并产生了相当大的影响。

　　据《朝鲜通史》记载，15世纪李朝义宗至世祖时期，曾出版过《武经七书》的注释本，其中就有《孙子兵法》。清乾隆四十三年（1778）朝鲜就刊印了一本名为《新刊增注孙武子直解》的书，分为上、中、下三卷。在《新刊增注武经七书直解》内，继以刘寅的《直解》为底本，补充旧注增订而成。

　　到1863年的朝鲜高宗时期，又有赵义纯的《孙子髓》出版。这一时期，朝鲜实行了一系列的改革，《孙子兵法》也被广泛应用。

　　16世纪后，朝鲜文版本的《孙子兵法》译著、评著大量涌现。日本归还朝鲜总督府捐赠的书籍，其中就有《孙子大文》。《孙子真传》在朝鲜也很流行。此外，《武艺图谱通志》等朝鲜自成体系的古代兵书也层出不穷。

《孙子兵法》在韩国民众中广泛普及

《孙子兵法》在韩国出版界已被认为是人气持续高涨的热门书籍,在过去数十年间,涌现出不计其数的相关书籍。近年来,韩国市面上有超过300种这类出版物,使中国这本古老的充满哲学思想的兵书在韩国民众中得以广泛普及。

在韩国不只是军人和学者阅读《孙子兵法》。在当今激烈竞争的社会中,以大学生、青少年学生、30至50岁就业者和女性为目标的应用《孙子兵法》的相关书刊大量涌现。难懂的中国古文转换为通俗易懂的各种韩文版,使韩国民众容易阅读和理解,携带式袖珍本《孙子兵法》也在市面上流行。

韩国出版界出版《孙子兵法》原文解释的书籍相对减少,与之相比,更偏重应用《孙子兵法》的书籍,出版数量大幅度递增,更适应韩国民众的需求。虽然《孙子兵法》是关于战争和军事学的指导典籍,但在韩国民众眼里,则是可以活学活用的智慧之书。哲学与处世、经营与管理、体育与竞争、文化与娱乐,都能从中受到启迪。

《孙子兵法》在韩国几乎家喻户晓

目前,韩国《孙子兵法》的相关书籍在不断地增加,种类大致可分为军事、人文、经营、社会、生活、体育等诸多方面。

在人文方面,1997年出版了《孙子兵法与思想研究》;2005年出版的《一本书讲透孙子兵法》，被用作大学在校生或大学新生的推荐图书；2007年出版了《超越时代的最高用兵术——孙子兵法》；2009年出版了《孙子兵法素质讲义》。

在经营方面，1998年出版的《郑周永德成功孙子兵法》，讲述了韩国现代企业创始人的成功战略；2008年出版的《商务孙子兵法》，作为一本商务战略手册，将孙子的战略思想移植到商务之中；2008年出版的《孙子兵法经营学》，讲述了营业、协商、会议、接待、上司、部下、同事跳槽、创业中的兵法谋略；2011年出版的《浦项钢铁部门领导痴迷孙子兵法》，讲述了孙子智慧与韩国代表性企业的成功案例；2011年出版的《孙子兵法：话说战争与经营》，讲述了战场与商场的关系，寻找战场与商场间的解决之道，被广泛用作企业经营的参考书、职业者的处世书。

在社会生活方面，2010年出版的《聪明领导的孙子兵法》，向正在求职的青年人到行将隐退的中年人提出如何用孙子哲学战胜危机；2011年出版的《不惑之年读孙子兵法——我的人生转换点》，告诉读者以孙子思想为自己充电，正确认识自己，正确认识社会。

社会生活方面的书籍题材非常广泛，诸如《饮食生意孙子兵法》、《战胜癌症的孙子兵法》、《校园传教孙子兵法》、《体育孙子兵法》、让报案人获取谋略的《警察孙子兵法》、《从案例开始的各种标卖孙子兵法》、《有线TV孙子兵法》、《成功员工的孙子兵法》、《销售孙子兵法》、《孙子兵法股票投资》、《职业高尔夫孙子兵法》、《人际关系孙子兵法》、《话说艺术孙子兵法》、《幽默孙子兵法》、《读心术的孙子兵法》、《计算机孙子兵法》、《选举孙子兵法》、《自我管理孙子兵法》等。

由《孙子兵法演义》改编的漫画在首尔教保文库也有销售。书店销售人员告诉记者，这类漫画老年人买得最多，因为在韩国漫画不只是给孩子看的，还有给老年人看的，韩国老年人特别喜欢看漫画。

记者还在首尔沿街的音像店看到，韩国人气歌手演唱的主题曲出自孙子的《风林火山》四大主人公COS，并结合《风林火山》的动画片段制作，体现了东方风格，颇受韩国年轻人的喜爱。

韩国武侠新游戏《风林火山》，其名源自《孙子兵法》"其疾如风，其徐如林，侵略如火，不动如山"，游戏中共有四个职业，并以武器作为区分, 分别是刀、剑、爪、扇四种, 游戏采用ARPG游戏模式, 着重人物战斗特效, 玩家可以恣意对路边的树木、岩石进行攻击。配合玩家攻击, 游戏中的物件也会随之改变形体和位置, 充满了高度的自由性, 为玩家带来新鲜的游戏感觉。

韩国学者认为,《孙子兵法》在韩国民众中广泛传播和普及, 并融入韩国的社会文化生活中, 说明《孙子兵法》不仅跨越了国界, 而且超越了时空, 2500年后依然闪耀着智慧的光芒, 也说明中国传统文化博大精深, 其深邃的思想和哲理让韩国人获取了启迪, 更说明中华文化与同为汉字文化圈的韩国文化交流融合产生了无穷的魅力。

《孙子兵法》在韩国家庭大受欢迎

同在汉字文化圈，韩国接受了中国很多优秀的思想和文化，具有极为寻常的自行学习传统。《孙子兵法》已融入韩国人的家庭生活，表现在日常生活的方方面面。

韩国学者对中国传统文化情有独钟，并有独特的见解。他们认为，《孙子兵法》蕴含的不只是战场上的获胜原则，还有包括家庭在内的社会生活、家庭成员在竞争中取胜并独占鳌头的智慧。孙子智慧使人具有非凡的洞察力，孙子精准地把握了人类的本质，提出了在不同情况下人们行动的科学对策方案，超越了单纯的战争智慧，传递出对人心理的深度洞察，这对处理家庭伦理和子女培养教育都是不可缺少的。

他们还认为，《孙子兵法》在论述战争取胜之法的同时，倡导共存共荣之道。这一真理不仅适合于国家，也适合社会和家庭，对个人生活也有许多值得借鉴。比如，在人生遭遇曲折时，《孙子兵法》给人智慧，教人哲理，使人们毫不气馁，奔向更美好的生活道路。可以说，《孙子兵法》不仅是指导战争的瑰宝，也是指导社会家庭生活的宝典。

因此，韩国许多学者将《孙子兵法》作为经典学习，它被认为是必不可少的珍贵书籍，并影响到韩国家庭。孙子的许多警句成为韩国学者的家训。

曾在中国留学的韩国翻译金莲花告诉记者，

韩国儿童版《孙子兵法》漫画

《孙子兵法》在韩国几乎家喻户晓，媒体上经常刊登这方面的漫画作品。很多韩国人家中"家训"的内容多来自《论语》、《孙子兵法》，尤其是孙子的"智、信、仁、勇、严"五德，更是被不少韩国家庭视为传家宝训。

韩国《孙子兵法》研究院院长宋震九在收视率最高的韩国电视台之一——韩国文化电视台开设了"《孙子兵法》大讲堂"，做了450场电视讲座，收看的观众大部分是韩国家庭主妇，他几乎成了韩国大妈们心目中的"偶像"，许多韩国大妈都认识他，因为她们在家看电视的时间较多。

近年来，面向青少年儿童的各类《孙子兵法》书籍，受到韩国家庭的欢迎。如2005年出版的面向幼童的《心术通漫画孙子兵法》，漫画讲述了主人公在宇宙战争中运用《孙子兵法》取胜后平安返回地球的故事；2007年出版了为儿童进行英语和兵法双重教育的《用英语读孙子兵法》；2008年出版了以青少年教育为主的《孙子兵法故事》；2010年出版了《青少年孙子兵法》，以及《IT技术与青少年孙子兵法》。

以女性为阅读对象的《孙子兵法》书籍受到韩国家庭主妇的青睐。如1987年出版的《夫妇孙子兵法》，将孙子的智慧运用于处理夫妻之间的和谐关系上；2002年出版的《职业女性的孙子兵法》，将孙子哲学应用于现代女性的生活，教授女性应用孙子智慧游刃有余地解决职业与社会上各种隐藏的难题；2008年出版的《中年女性孙子兵法》，是面向30至40岁龄层已婚女性的实用生活指导书籍和自我启发书籍，重点在于运用孙子哲学思想和管理思维，改善中年妇女的意识结构，该书按中年女性如何进行自我管理、家庭管理、丈夫管理、子女管理、财产管理等方面分类论述，有很强的针对性和指导性。

韩国人独具一格的"地形观"

在山坡上建房、筑亭、修路、开店，居高临下，把酒临风，是韩国的一大特色。地处朝鲜半岛的韩国，地形独特，山地占的面积多，地形具多样性，低山、丘陵和平原交错分布。在这种地形下生活的韩国人，对地形的感觉往往和一般人不一样，在研究应用《孙子兵法》时自然对"地形篇"情有独钟，并确立了独具一格的地形观。

《孙子兵法》在《地形篇》和《九地篇》中，从军事地理学和军事地形学的角度，论述了战略地形、地形图的重要性。在战争中合理地利用地形优势是十分重要的，它同样也适用于和平时期的经济文化和社会生活等领域。

记者发现，在韩国历史建筑中融入了汉文化和《孙子兵法》的元素。韩国最著名的世界遗产水原华城，正门的八达门是韩国古建筑中最具标志性的造型，为半圆形的瓮城建筑。近6公里长的城墙围成一圈，一侧是平原，一侧为山坡，颇具中国长城风格，顺山势而起伏。城中有四座门楼和两座水门，还有多处炮台、将台、角楼等，构成一幅依山势高低错落的立体画面。

首尔东大门取名为"兴仁门"，而在门的匾额上特别地写上了"之"字，这是出于东大门前方平坦地势的气运而做的补益。门楼前建有防御敌人攻城的半圆形瓮门。

韩国企业家善于利用孙子的"地形"，懂得在商战中"知此而用战者必胜，不知此而用战者必败"。他们根据这些地形的不同特点，选择适宜的地形地物，从而赢得商战的胜利。仁川天堂酒店紧邻仁川港、月尾岛、自由公园，距仁川地铁站步行只有3分钟的路程。更吸引游客的是，酒店建在一小山丘上，可以鸟瞰仁川港。

曾令儿子读15遍《三国演义》的SK telesys公司常任顾问李敦求对记

韩国首尔神武门

者说，该公司投资的华克山庄，占地56万多平方米，坐落于韩国久负盛名的历代王朝中心地——峨嵯山边，依山傍水，地理位置得天独厚，可以俯瞰烟波浩渺的临汉江，是亚洲第一家集美食、休闲、娱乐、购物为一体的六星级酒店。韩国偶像剧《情定大饭店》拍摄于此，这里也是众多韩国艺人举办婚礼的首选之地。

李敦求告诉记者，该公司拥有全球性技术专利，选择在中国南通投巨资买了几百亩地，专门生产电视用显示膜，也是看好南通"通江达海"的有利地势。在中国的版图上，处于沿海经济带与长江经济带T型结构交汇点和长江三角洲洲头的城市只有两个，一个是上海，另一个就是被誉为"北上海"的南通。

韩国的华侨华人更懂得孙子所说的"地势"的重要，来自孙子故乡的山东华侨，看好仁川作为韩国第二大港口的优越"地势"。1883年，随着清朝领事馆的设立，在北城洞、善邻洞一带的山东华侨的数量不断增加，逐步形成了中华街。华侨们以贩卖从中国带来的食盐、谷物、杂货等为主，然后从韩国购入沙金，再到中国扩大商圈势力，最鼎盛时期发展到万余名华商。如今，仁川港中华街随着中韩两国的建交呈现出新的生机。

记者在位于韩国首尔九老区的大林洞看到，这里正在迅速成长为首尔首条"唐人街"。在以中央市场为中心，横跨大林一洞和大林二洞的地区居住着50万左右的华侨华人，其中朝鲜族占了大部分，还有少数来自东北的新华侨。在这里，华侨兴办的企业有300多家，中国餐馆、海鲜店面、食品店有100多家。到了晚上，这里灯火辉煌、生意兴隆、车水马龙、热闹非凡。华侨选择在这里开辟"唐人街"，是看好这里房租便宜，交通方便，首尔地铁开通了2号线和7号线，总共有12个出口，使"唐人街"吸引了大批韩国人。

"泰国围棋之父"的围棋管理法

　　围棋与兵法的关系十分密切，从古至今，以兵论棋或以棋论兵者不乏其人。"经营中运用棋艺，棋艺中又渗透着管理理念，CEO和围棋在他身上已分不出彼此，你中有我，我中有你。"这就是被誉为"泰国围棋之父"的世界华人围棋联合会会长蔡绪锋的围棋与兵法的真实写照。

　　蔡绪锋任泰国正大集团副董事长、执行董事会主席和首席行政官，并任上海正大企业发展有限公司董事长，是泰国现代企业管理的领军人物，在泰国工商界享有很高的知名度。由他负责运营的易初莲花国际商业连锁项目，于1997年6月在上海浦东开设第一家店，其在中国大陆开办的大卖场已达80余家。

　　蔡绪锋坦言，他能够取得这些成就，关键在于把《孙子兵法》等中华传统文化，应用到商业经营上。他用孙子"和"的思想来管理团队，使大家快乐工作，使企业创新力、竞争力明显增强；他用《孙子兵法》中的一些理念和谋略来开拓市场，使事业迅猛发展。为此，他曾专门把自己的有关思考撰写下来，出版了《东方CEO》一书。

　　孙子说的"昔之善战者，先为不可胜，以待敌之可胜；不可胜在己，可胜在敌"，蔡绪锋能脱口而出。他从围棋中感悟到，围棋是同时有好几个战役的一盘棋，需要考虑如何将资源分配给各个战役，双方从零开始竞争，谁创造得多，谁就更优秀。商界竞争也是这样，以围

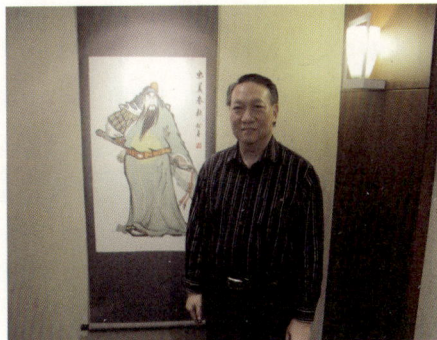

"泰国围棋之父"的围棋管理法

棋意境来进行企业管理，首先要完善自己，使自己成为不可战胜的，而不是想方设法、不择手段地打垮对手。

企业自然是要追逐利润的，但理想目标并非是利润最大化。蔡绪锋认为，如果把企业经营目标定为利润最大化，往往会让团队损耗、员工疲惫，会对企业今后发展不利。利润合理化、力量最大化才是企业的最佳经营目标。

以兵解棋，以棋喻兵。蔡绪锋用他对围棋棋道的理解，来诠释如何把中华文化用于商业经营。他谈及全球金融危机时说，这场发端于美国的经济危机，充分暴露了西方经济界在思想理念和经营方式上的一些弊端。如果我们立足东方，特别是发挥中华文化中诸多思想精华的作用，就会对摆脱困境、赢得发展很有帮助。当年，亚洲金融危机发生时，他曾将这一理念付诸实施，效果显著。

蔡绪锋讲，应对危机，不妨借鉴棋道。起源于中国的围棋，看似规则简单，但变化多端、奥妙无穷，可增强一个人的计算能力、记忆能力、创意能力、判断能力、控制能力等，还能帮助我们更好地分析事物。围棋注重对全局的把握，下一盘棋，往往是在多个地方展开战役，每一手的价值，在于加强自己的力量，而不是去打败对方。

用围棋管理企业20多年的蔡绪锋，有一套自创的"围棋管理法"。他认为围棋是一种哲学，追求的是一种团队力量。同管理企业一样，能赚多少钱并不是最重要的，拥有一个好的团队，而不是一个"病团"，才是关键。10多年前，他的团队曾使泰国的11个便利店在1年时间内扭亏为盈。

蔡绪锋深有体会地说，他运用围棋的理念管理企业近20年，8万员工并没有显得乱糟糟。在工作中，有时候一句围棋中的"术语"，要比其他烦琐的解释更有效。比如，围棋中的"急场重要过大场"，指的就是做事情要讲究轻重缓急。学过围棋的人会有大局感，讲究策略。

蔡绪锋表示，中国的经典名著充满了许多智慧，《孙子兵法》等都能给企业管理带来许多启示。他以棋为媒，在全世界传播和推广中华文化，通过围棋，让西方人学中国的思想。他在德国一所大学演讲，讲的主"围棋管理法"，即如何用围棋来管理企业。

法国陈氏兄弟"手足之情"凝聚力量

《孙子兵法·九地》中说:"夫吴人与越人相恶也,当其同舟而济,遇风,其相救也如左右手。"巴黎首位华裔副区长陈文雄在接受记者采访时说,陈氏兄弟闯法国成就最大华商企业,体现了真正的"一母同胞,手足之情"。

陈氏兄弟祖籍广东普宁,父辈起离开故乡来到海外,先后在泰国和老挝谋生,经营木材场等实业。20世纪70年代中期,印度支那半岛烽火四起,为了躲避战乱,陈老先生悲壮地向一家老小宣布:举家流亡。于是,陈家四散,有的到巴黎,有的前往泰国,还有的去澳洲。

这是一次极其艰苦的流亡,但陈氏家族在这次跨国迁徙的战略转移中,秉承中华民族团结、牺牲及同舟共济的精神,谱写了"携手共进"的交响曲。

到法国后,陈克光和大哥陈克威白手起家,一起创立的"法国陈氏兄弟公司"在巴黎正式开业。新张之际,公司只是在巴黎第12区一条不起眼的街上,租了间30平方米的办公室做批发业务,但从这一刻开始,陈氏兄弟开始了由小至大、由弱至强的创业历程。

1981年,法国有史以来第一家专营亚洲食品的现代化超级市场——陈氏百货商场开张了。此后,旗下的8家超市接连开业。1987年,陈氏企业的总营业额突破两亿七千万法郎,荣登法国著名企业"龙虎榜"。

20世纪90年代初,陈氏兄弟公司曾和法国达能合作投资啤酒厂,这是达能进军中国市场的奠基石。

2001年,陈氏兄弟公司进军传媒业,创立"陈氏传媒",引进介绍中国电视的长城平台,涉足宽频电视领域,并与法国传媒及建筑业巨子马丁·布伊格合作,成功将欧洲体育新闻频道打进中国市场,从而引领陈氏集团走向多元化。

法国陈氏兄弟

2002年,陈氏兄弟公司在大巴黎地区投资数亿法郎兴建的公司总部新大厦落成,面积近3万平方米,融行政、批发、仓储、门市、餐饮等为一体。当地媒体预言,陈氏公司总部将拉动周围商业的发展,形成一个新的中国城。

随着陈氏兄弟在法国的成功,在泰国和中国香港的另外两位兄弟陈克齐、陈克群也捷报频传,他们开拓了亚洲、欧美、澳洲及中南美洲、非洲等地的40多个国家的市场。

自此,陈氏企业联合起来,遥相呼应,紧密合作,建立了庞大的企业王国——陈氏兄弟集团。其业务跨五洲连四海,成为世界上著名的华人企业之一。

陈氏家族成员团结互助的"手足之情",造就了陈氏家族辉煌的事业,也赢得了华侨在海外的声誉和地位。如今,陈氏兄弟公司已成为欧洲最大的中国产品代理商,康师傅、青岛啤酒等知名品牌在欧洲的销售都是由陈氏兄弟公司代理。目前陈氏兄弟公司已经发展成为年营业额近10亿法郎的法国大型企业。

谈到成功的秘诀时,陈克光说,陈氏兄弟公司的成功,主要得益于博大精深的中国传统文化。"我们的父亲14岁就到南洋去了,艰苦创业。我们家庭有11个兄弟姐妹,大的早早就要帮着维持家境,帮助弟弟妹妹读书,一家人互相依存、互相帮助。孙子所说的'同舟而济',让我们兄弟凝聚了一种伟大而神奇的力量。"

中国兵法与印度哲学的交汇融通

"中国古代兵书《孙子兵法》与印度古书《薄伽梵歌》先后变成了哈佛等院校商学院的必修课，并成为欧美大企业总裁及高管的必读秘籍，这不是一种偶然的巧合，而是东方智慧融合的必然结果，是中印两个东方文明古国交汇融通而创造了世界上最灿烂文明的结晶。"印度学者拉卡评价说。

拉卡说，《孙子兵法》不仅是一本兵书，而且是商界必备实战手册和启迪人生的智慧，它被翻译成20多种语言文字，在全世界有数千种刊印本。《薄伽梵歌》是印度的一部有关灵魂修炼的古书，甘地的哲学和非暴力思想深受其影响，印度管理学者将《孙子兵法》与《薄伽梵歌》同时应用在企业管理和领导力培养上，相得益彰。

《孙子兵法》与《薄伽梵歌》，两者的观点有很多相似之处。拉卡解释说，中国哲学与印度哲学尽管有差异，但要阐释的道理却有许多相通之处。

《孙子兵法》的核心在于挑战规则，唯一的规则就是没有规则，兵法是谋略，是大战略、大智慧。孙子虽然注重"战术"、"兵者诡道"的竞争法则，但其精髓是"不战而屈人之兵"，从而生发出"以德服人"、"天人合一"等哲学思想。《薄伽梵歌》强调"集中"力量来修行，"持续、连贯"地向着目的前进，最终必定会达到"与祂合一之境"。

《孙子兵法》有很多经典的哲学思想，它既教商人如何去"取"，也教他们如何去"给"。《薄伽梵歌》宣扬人应恪尽职守，建构更持久的经营观，让公司在盈利之余，兼顾雇员和顾客利益。如今市场正往一个更成熟的方向发展，企业不仅要追求利润，更要关注利益相关者。

《孙子兵法》将"仁"用于对士卒的管理和教育方面，"视卒如婴儿"、"视卒如爱子"，提倡"上下同欲"、"同舟共济"。《薄伽梵歌》重视企业与

中国兵法与印度哲学的交汇融通

社会环境和谐发展的理念，并引申出"仆人领袖"及"绿色企业"等理念。

《孙子兵法》主张"主不可以怒而兴师，将不可以愠而致战。合于利而动，不合于利而止"。将帅要克服五种性格上的弱点，保持平和的心态。

《薄伽梵歌》倡导心态平和可以使管理者平衡多方面的关系，有助于这些管理者更好地保持专注的精神与创造力，并更好地为公司创造价值。

《孙子兵法》在讲将领的五德时，把"智"放在首要地位，要"修道而保法"，加强内部管理。《薄伽梵歌》强调向内收缩，向内自省，增进智力，增进对自身以及世界的理解，强化商业领袖对内的作为，通过内部因素的强大而强大，而非在与他人的竞争中靠外部的刺激而强大。塔塔、瑞莱恩斯、INFOSYS公司和SATYAM等为代表的印度企业，就是靠自我修炼，化蛹为蝶，在全球市场上以IT、软件等后来居上。

印度学者认为，无论是《孙子兵法》还是《薄伽梵歌》，都充满了东方智慧的光芒。在全球市场竞争格局中，企业管理者应求同存异，博采众长，既要不断迎接外来的挑战，靠"兵道"来赢取更大的市场，也要着眼于长远的发展，对内创造更为和谐的工作氛围。

美籍华人谈医易中和思想与儒法兵道

中国文化骨子里是道家，儒、法、兵三家各有其应用的时机，而道家继承医易思维后，确实为各家之本。道家的谋略能从整体的观点，调和诸家治国方略的偏失，谋事大都有始有终。而兵家具有更浓厚的道家色彩，并吸收了道家的思想。具备系统工程和中医学双博士学位的美籍华人许巴莱认为，儒、法、兵、道四家治国方略的综合应用，缺一不可。医易的中和思想，将这四家贯串成整体系统，交互联合运用，更能适应当代全球化的挑战。

许巴莱说，研究诸子百家的治国谋略必须要有整体系统，并考虑其间相辅相成的协同效应。诸子皆起于救时之急，根据对周易自然哲学与中医生命科学的探索，发展出时中、中庸、中和等思想。共同追求能够顺时应变、保持动态平衡的和谐关系的治国之道。

许巴莱形象地比喻：社会的春天以儒家为主，用于建立和谐社会的理想，百业欣欣向荣的社会环境；社会的夏天以法家为主，应用在规范社会各利益团体，恢复和谐的秩序；社会的秋天以兵家为主，应用于解决国家生死存亡的问题，如同面对秋天决生死的肃杀之气；社会的冬天以道家为主，近代道家的谋略发展，在忍受百年沧桑的酷寒严冬之后，既注重吸取中外各家之精华，又不放弃传统医易的中和思想，遵循以中和思想为起点的治国平天下的政治谋略运作。

周易学与中医学在发展过程中，在模拟思维的取象比类原则下，把天象、物象、体象、病象、社会现象的本质结构与运行变化，构筑成错综复杂的对应关系。同时又依循整体的思维方式，建立和谐的天人关系、人际关系，以及内在情绪的和谐关系。先秦诸子在礼崩乐坏之后，对如何重建和谐关系各抒己见，并引发长久的政治路线与治国谋略之争。这种跨时代的政治谋略理论与广大的实践空间，创造了有利的辩证过程，成就了中国以和谐为出发点的中和思想，与创建和谐社会的深谋远虑。

在谈到医易的中和思想与中国传统的谋略运用时，许巴莱说，医易哲学互为表里，具备以易为理论，医为实践的体用关系。中医学以及周易学与阴阳五行学派或称阴阳家关系密切。阴阳五行的结合，成就了具有中国特色的谋略思想体系。在谋略的运用上，阴阳五行被用来定义事物间"看不见"的"关系"，以及万事万物"看得见"的征兆或称"现象"。中国的谋略在"现象关系学"的架构里，可以如现代"复杂系统科学"般地进行推算与运算，且这种推算与运算最具体地表现在运用中医理论来治病的、严谨的"辨证论治"过程或运算。

清代著名医学家徐大椿著《用药如用兵论》："若夫虚邪之体，攻不可过，本和平之药，而以峻药补之，衰敝之日不可穷民力也；实邪之伤，攻不可缓，用峻厉之药，而以常药和之，富强之国可以振威武也。然而选材必当，器械必良，克期不愆，布阵有方，此又不可更仆数也。孙武子十三篇，治病之法尽之矣。"反过来推，在定义关系的函数空间，可以推出"用兵如用药"。

许巴莱论证，传统医易、儒、法、兵、道的谋略与创建和谐社会的目标同步，如《黄帝内经》所说："上医治未病，中医治欲病，下医治已病。"特别强调医国或医病时见微知著、防微杜渐的观察力、执行力与对时机的掌握。将医易合璧的哲学与诸子百家的治国方略或谋略做有机的结合，是中国传统谋略的特色，是为求生存，求长治久安。其过程中运用的谋略，可以综合儒、法、兵、道在不同的社会发展阶段，运用不同的组合与力度，来解决社会国家乃至全球的问题。

用中医医病的观念来治国，具有治病求本的特性，在扶正祛邪的同时，要考虑因时、因地、因人制宜，调整阴阳，结合五行，先辨证候，再论治则。其基本精神在固本、求不败。所以尽量顾全大局，避免不必要的过激手段，造成两败俱伤，甚至病毒未灭人已消亡。对治国者而言，非不得已才用峻猛之药，而纵使用了峻猛之药，也必先准备好随时能缓和的策略，以免动摇国本。可以说，传统医易、儒、法、兵、道的谋略思想体系，发源于中和思想，目的在求生存与长治久安，与创建和谐社会的目标是同步的。

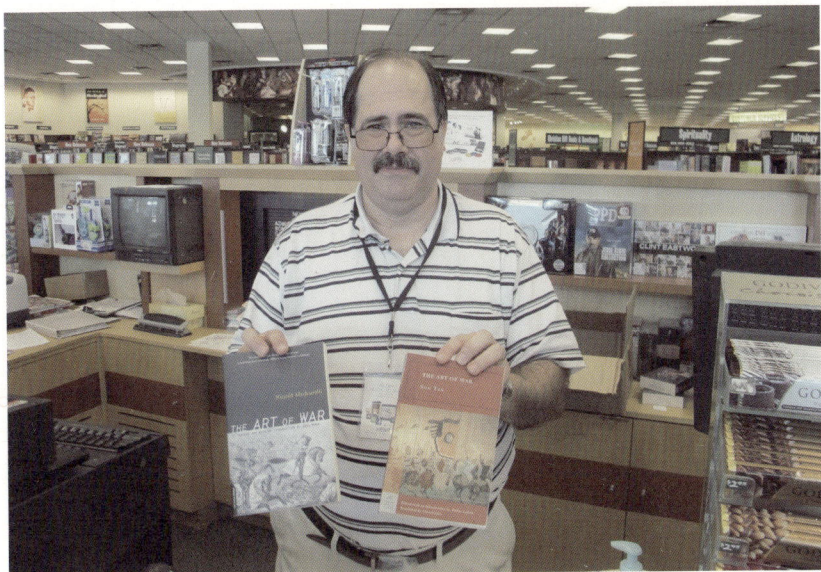

美国英文版《孙子兵法》

　　援引医易的中和思想来指导谋略运用，看似矛盾，或疑似空谈，实则为长治久安之道。许巴莱认为，谋略与兵法的思考层次不同。兵法的军事专业知识很强，为救急应变求生存时，先求不败、再求胜的军事科学。而谋略涉及更广，在既定的"关系"里，在轻重缓急的现象中应变，更讲求看不见的软实力。所以兵法成为显学，而谋略却一直蕴藏在各家学说之中。

　　许巴莱称，要以儒、法、兵、道谋略的综合运用迎向全球化的挑战。当代全球化的浪潮为全世界带来剧烈的变动，这种变动较之春秋战国时代的危机，更有过之而无不及，有些危机威胁着人类与地球共同的未来。以"和谐"或中和思想为起点的中国传统谋略，在先秦诸子学说流传两千多年之后，仍然具有现代意义与实用价值。诸子百家之言，未必都能用来解决当代的问题，但好比中医用药，只要配伍得当，对症下药，就应该能奏效。依照医与易五行相生相克、循环无端的哲理，儒、法、兵、道四家学说的综合应用，应可应对国际间的兴盛衰亡关系。

葡萄牙华文媒体念好兵家"借字经"

"《孙子兵法》有'因粮于敌',《三国演义》有'草船借箭',中国成语有'借风使船'、'借篷使风'、'借水行舟'、'借坡下驴'等。我们从博大精深的中国兵家文化中学会了'巧借外力'、'借力使力'、'借鸡生蛋'、'借船出海'。"《葡华报》社长詹亮满口"借字经"。

教师出身的詹亮,对包括兵家文化在内的中国传统文化有着很深的造诣。他说,《孙子兵法》是一本兵法哲学书,之所以2500年经久不衰,是因为它借给人类的思想,让人取之不尽,用之不竭。

《孙子兵法》对战争物资之取用有一项最智慧的策略,那就是"因粮于敌",即智慧的将领对于战争中的军需必是于敌国战地就地取材。詹亮坦言,今日企业与企业间之"策略联盟"皆着眼于"资源分享",是孙子"因粮于敌"智略正向运用的现代版。

詹亮介绍说,10多年前,葡萄牙华人处在文化沙漠时期,当时的侨领和华侨越来越体验到中华文化匮乏的严重性,于是就借助当地侨务资源,"借鸡生蛋",有钱出钱,有力出力,把华文媒体支撑起来,创办第一份华文报纸《葡华通讯》,从雏形16开白纸开始,对外发行,成为全葡萄牙华人争相传阅的本地刊物。

这份刊物的出现,让那些多年没有看到中文字的侨胞,闻着墨香四溢的中文报纸热泪盈眶。华文媒体的到来,给处于文化沙漠的葡萄牙华社注入一汪清水,使华文种子在葡萄牙开始发芽、生长。2000年,《葡华通讯》改名为《葡华报》,发展为一张20版的半月刊报纸。2002年,报纸扩改为32个版面的周报,还聘请了专职编辑人员。2006年,报纸从32版扩大到64版。

"我们报纸在葡萄牙侨界有着深厚的人脉关系,报纸已经覆盖到葡萄牙每个角落的华人企业，但这还远远不够。于是，我们'巧借外力'。最近，外国人来我们报纸做的广告比较多，都是卖他们的企业和不动产的广告，他们知道我们华商对葡萄牙经济的影响力。"

"2008年，我们借助西班牙的资源，向那里的华人媒体市场挺进，角逐葡西一体化的华人新闻市场，有了葡萄牙《葡华报》和西班牙《联合时报》两张报纸。经过4年多努力，目前《联合时报》的发行量已达1万份，在西班牙侨界具有相当的影响力。接着，我们'借力使力'，连接发展与媒体相关的其他产业，并向荷兰、比利时华人媒体市场进军。"

葡萄牙《葡华报》报社社长詹亮

"最近，我们还'借船出海'，与GBtimes、IRISFM91.4合作，开播广播电台，使听众在葡萄牙本土就可以听到来自中国的声音。从中午11点到下午5点，都可以收到北广做的葡语节目，主要讲中国的政治、文化、旅游，受众群体全部是葡萄牙人，提升了中国在海外的话语权。在葡萄牙，受众还可以通过'魅力中国'机顶盒，看到国内数十个电视台的新闻节目，诸如，来自家乡浙江、北京、福建、广东等地的电视台节目。这受到了葡萄牙听众的欢迎。"詹亮说。

詹亮认为，大凡世界上任何一件东西都可以借，而且可以通过任何方法和方式来借。比如借天时、地利、人和，借书、借脑、借智慧，借时间、借方法、借力量等等。还要学会"借势"，善于借势在某种意义上说也是善于整合资源的一种表现形式，要争取做到彼势即我势。

"好风凭借力，送我上青云。"詹亮表示，《葡华报》坚持以质量为第一办报要务，逆势向上，从葡萄牙进入西班牙来争取更大的市场。到目前为止，《葡华报》已初步实现了稳定的态势。我们将进一步借助当地的人脉关系，开辟出一条坚实的发展道路，相信这条路会走得越来越宽广。

澳门兵法会长谈"用药如用兵"

"防病如防敌，用药如用兵，选方如选将。疾病重在防御，医者用药善于调兵遣将；药用错了要死人，兵用错了要伤亡。"说这番话的澳门孙子兵法学会会长孙保平，竟然是澳门协和医疗中心主席、西医教授，这是记者"孙子兵法全球行"采访所见到的"医生兵学会长"第一人。

孙保平是孙武第79代子孙，十几岁就对老祖宗的兵家文化有兴趣，上小学便开始读《三国》和《孙子兵法》。他从医近40年，把《孙子兵法》运用到临床医学上；他花费了数十年时间，查阅了数百本书籍，在澳门出版了包括兵家文化在内的《中华至理名言》一书；他写了许多孙子警句的书法，在澳门广为流传。

孙保平对记者说，《孙子兵法》是人类历史上最伟大的智慧结晶，是一部思想深邃、体系完整、文采斑斓、说理精微、词约义丰、结构谨严、空前绝后的军事巨著。它是中华文化之瑰宝，亦是世界人民之共同精神财富。它被广泛应用于军事、外交、商业、文化、体育、生活等各个领域，也同样适用于医学领域。

孙子非常重视军队的卫生防病，他在《行军篇》指出："凡军喜高而恶下，贵阳而贱阴，养生而处实，军无百疾，是谓必胜。"孙子还特别强调"三军足食"、"并气积力"、"谨养而无劳"。

乾隆年间的太医徐大椿，原名大业，字灵胎，晚号洄溪老人，江苏吴江县人。他撰写的《医学源流论》专辟《用药如用兵》一章，全面阐述了"防病如防敌"、"治病如治寇"、"用药如用兵"、"择医如择将"等医学理论，并提出"以寡胜众"的10种方法，其结论是："孙武子十三篇，治病之法尽知之矣。"

孙保平根据他的临床经验列举。

《孙子兵法·谋攻》提出"知彼知己,百战不殆",体现在医学上就是"对症下药,治病如神"。大凡高明的医者都懂得"知彼",始见患者必先经望、闻、问、切之四诊而准确掌握病之来由,邪(病原体)之性质、数量及其特征,然后施以有效之药处之。高明的医者也都懂得"知己",必先清楚患者自身之抗病免疫力,若抗病能力强盛,则以祛邪(抗病原体)为主,若抗病能力弱,则宜扶正,增强肌体抵抗力,亦称之为支持疗法为主,祛邪为辅。

《孙子兵法·用间》提出"故明君贤将,所以动而胜人,成功出于众者,先知也"。医术精湛者,必先明确诊断,而后方能手到病除,事半而功倍。孙子又云:"先知者,不可取于鬼神,不可象于事,不可验于度,必取于人,知敌之情者也。"这就是说,必须依靠科学来明确诊断病情,不可求神问鬼,亦不可以类似患者类推,更不可靠观测天象度数来论证病之性质。《黄帝内经》有"拘于鬼神者,不可与言至德"与其理相通。所以我们要信科学而不能信巫师的胡言乱语。

《孙子兵法·火攻》提出"夫战胜攻取,而不修其功者凶,命曰费留。故曰:明主虑之,良将慎之","合于利而动,不合于利而止……此安国全军之道也"。在医学上,具有聪明才智的医生在治愈患者疾病后,必定会告诫病人必须做到的几项措施,以防旧病复发。精明的病人也会总结经验教训,有益身心事多做,无益健康事莫为。此乃养生健康之善道者也。

《孙子兵法·军形》提出"善战者,立于不败之地","故能自保而全胜也"。这与《黄帝内经》之"精神内守,病安从来"、"得神者昌,失神者亡"、"德全不危"其旨相融,大有异曲同工之妙。我们知道防病之功甚于治病,欲远离疾病者,必须要注意劳逸结合,保持良好心态,增强体质。所谓正气内存,邪不入侵,自然之理也。

《孙子兵法·势》提出"声不过五,五声之变,不可胜听也;色不过五,五色之变,不可胜观也;味不过五,五味之变,不可胜尝也"。五音、五色、五味等皆是人之本能所必需,但如纵情于声色犬马,必然耗伤精气神而损及年寿。

孙保平表示,《孙子》十三篇每篇都贯穿了"用药如用兵"的哲理。用兵靠良将,用药靠良医;用兵瞬息万变,用药千变万化。深谙兵法,灵活运用, 才能克敌制胜, 化险为夷。《孙子兵法》在临床医学上的精彩应用还有很多, 冀望对《孙子》有研究的高人良医共同探讨, 发掘利用, 造福人类, 则社会幸甚, 世界幸甚者也。

聪明的美国人都喜欢中国的《孙子》

　　夏威夷大学哲学系教授安乐哲在接受记者采访时语出惊人：聪明的美国人都喜欢中国的《孙子》；而愚蠢的美国人都不读《孙子》，不懂《孙子》。

　　安乐哲说，美国是一个很奇怪的国家，一半人很聪明，一半人很愚蠢；一半人很开放，一半人很保守。在比较聪明的美国人中，大都对《孙子兵法》很接近，而另一半人则离《孙子兵法》很远。其中包括美国总统，有喜欢的，也有不喜欢的，但喜欢的多，说明美国总统聪明的多。

　　"裴多菲不仅是匈牙利的，也是世界的，《孙子兵法》也一样，属于全世界。"安乐哲认为，现在世界复杂多变，美国人更需要孙子哲学思想。不仅是美国政府，美国社会、美国民众都需要，因为它实用，对美国有用。

　　安乐哲说，《孙子兵法》不是古董，《孙子兵法》具有现代意义和现代价值。现在世界有许多困境，按照我们的固定思维没有办法改变。世界上所有事情都要按游戏规则办，而游戏规则分为有限游戏规则和无限游戏规则。这个世界变得越来越复杂，不是简单的谁赢谁输就能解决问题，要解决困境，就要回到无限游戏上来。有些事中国没办法解决，美国也没办法解决，便只有合作起来解决，用孙子的"合和"思想来解决。

　　中国虽与美国和而不同，但中国传统思想与美国传统思想却有许多共鸣的地方。安乐哲比较说："美国的杜威思想与中国的儒家学说很相似。杜威是美国著名哲学家、教育家，是实用主义哲学的创始人之一。我把杜威思想介绍给中国，把中国儒家学说和孙子兵家思想介绍给美国。"

　　安乐哲告诉记者，他在夏威夷大学中国研究中心担任了10年主任，在东西方文化中心也任过职。为了让美国人真正了解中国，了解中国哲学，他经常给学生讲授《孙子兵法》，也经常给夏威夷的驻军讲孙子哲学和孙子战略，还在夏威夷大学孔子学院讲中国哲学和兵家文化。

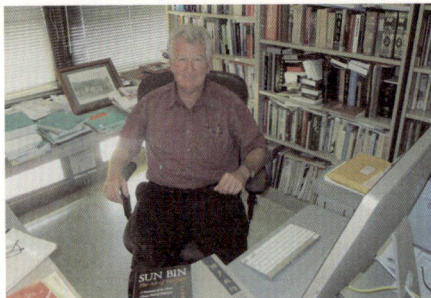

夏威夷大学哲学系教授安乐哲

《纽约时报》的一名记者曾打电话责问安乐哲。然而安乐哲理直气壮地回答说:"我下个学期要到中国大学的讲台讲美国的传统文化,讲东西方文化的交融,这是美国政府安排的。美国政府每年要派500人左右到中国去讲学,在美国和在中国讲学有什么区别?孔子学院传播博大精深的中国文化,让美国人了解东方哲学,这有什么不好?"

安乐哲表示,孙子哲学是世界哲学,《孙子兵法》属于全人类,美国人应该读而且要读懂它。

加拿大把《孙子兵法》作为经典哲学推崇

加拿大学者没有纯粹把世界第一兵书《孙子兵法》作为军事理论，而是作为经典哲学加以推崇。加拿大学者称，攻与守、虚与实、利与弊、治与乱、勇与怯、强与弱，《孙子兵法》揭示的哲学思想是丰富而深刻的，具有很强的实践性，对世界的哲学、文化产生了厚重而深远的影响。

在当代西方汉学界和哲学界，安乐哲是最响亮的名字之一。安乐哲，1947年生于加拿大多伦多，现任夏威夷大学哲学系教授、国际《东西方哲学》杂志主编、英文《中国书评》杂志主编，曾长期担任夏威夷大学中国研究中心主任，醉心于中国文化，潜心中国哲学。他是西方《孙子兵法》哲学思想传播的主要"推手"。

安乐哲致力于中西比较哲学研究。在他的新作《自我的圆成：中西互镜下的古典儒学与道家》一书的序言中，安乐哲写道，在哲学方面，"中国正在走来"。就如同正在逐步扩大的经济政治影响力，中国哲学也正在逐渐地走向世界，逐渐为更多人所推崇。

安乐哲翻译的中国哲学经典有《孙子兵法》、《孙膑兵法》、《孙膑兵法概论》等，英译本依据银雀山汉墓出土的《孙子兵法》竹简本底本进行翻译。在一些核心范畴和重点论述上，安乐哲花费了很多功夫对西方传统的翻译进行纠偏和重解，力图减少和避免语言差异带来的误读。

他说："中国哲学要求一种终身的学习和修为，学习的过程也是受教化的过程。"他对中国哲学的独特理解和翻译方法改变了一代西方人对中国哲学的看法，使中国经典的深刻含义越来越为西方人所理解。他对推动中西文化交流，尤其是中西哲学思想的对话做出了卓越的贡献。

在美国哈佛大学的加拿大学者江忆恩，选择了包括《孙子兵法》在内的武书七经进行论述分析，因为这些经书糅合了儒家、法家和道家的治国

加拿大各大书店内《孙子兵法》的版本十分齐全

之道，可谓是中国古代哲学思想的正统；又因为明太祖提倡"军官子孙，讲读武书"，使之成了必读书目。1995年，他写过一本讲明代战略文化的书，认为西方人对中国战略一直有个印象：中国传统，重视战略防御，崇尚有限战争。

江忆恩认为，鉴于华夏文明的延续性，中国是论证是否存在战略文化和它是否对国家行为产生效应的最佳案例。为了保证战略文化的延续性，他认为在研究所选择的研究时间段里，决策者应当受到中国传统哲学经典和历史经验潜移默化的熏陶，唯有如此，他们的战略选择才能体现出中国的战略文化。因此，由于元、清两朝是外族统治，不适合用来研究，且兼顾到需要丰富的文献资料，他决定以明朝为中心进行研究。

加拿大汉学家白光华经过东西方哲学的比较认为，中国文化传统数千年来绵延不断，并始终保持着自己独特的文化风貌，这不能不说是一个奇迹。因此，世界上也许只有中国才是具有最不同于西洋文化传统的唯一的国度，是一个有着丰沃哲学土壤的文明古国。于是，他系统地阅读了《老子》、《孙子》、《庄子》、《淮南子》、《荀子》等中国古代哲学典籍。

加拿大约克大学哲学系的欧阳剑教授，在加拿大因研究中国问题而有名，他为自己取了武侠意味浓厚的中文名字。他研究老庄哲学，开设了中西哲学比较的课程，教授包括《老子》、《孙子》、《庄子》在内的中国哲学经典著作。他认为，加拿大是个很年轻的国家，需要向中国这样有着几千年智慧的国家学习。

加拿大华人没忘记中国传统兵家哲学

中国兵书、中国兵马俑、中国功夫、中国兵家壁画、中国兵家书法、中国兵家工艺品……唐人街是海外中华文化的传承枢纽，加拿大唐人街没有忘记中国传统哲学。加拿大华人华侨传播以孙子为代表的中国传统兵家哲学，有板有眼，有声有色。

加拿大华人华侨自豪地说，如果说牌坊、中餐馆等有中国特色的建筑是唐人街的骨骼的话，那么，这里的各种中华传统文化活动无疑是唐人街的血液。而这血液中最重要的，无疑是流淌了几千年的中国传统哲学，其中包括了博大精深的孙子哲学思想。

记者在加拿大温哥华中华文化中心看到，大厅里有兵马俑，工艺品商店里有中国兵家文化挂毯，大门口张贴着中国武术班开班的大幅海报。据介绍，该文化中心自1983年成立以来，一向积极努力发扬、传播中华文化之精华，经常举办如太极拳、童子军训练等兵家文化活动。在蒙特利尔中华文化宫的橱窗里，陈列着兵马俑；图书馆里，华侨正在阅读中国古代兵家书籍。

2012年，由30多个当地艺术家制作的34座彩绘兵马俑"驻"在温哥华唐人街中山公园，有的艺术家根据对中国文化的理解，为兵俑"穿"上了各式服装；有的为兵俑盔甲涂上了鲜艳的色彩，甚至绘上长城、行军图等。这批

加拿大魁北克省中山同乡会顾问孙陈相玲

彩装兵马俑在大温哥华地区的各城市街头陈列半年时间,有的被分派在温哥华市区的不同地点"站岗",供加拿大民众和华人华侨欣赏。

在维多利亚唐人街上,有刻着孙子"同舟共济"的"同济门";在蒙特利尔唐人街的墙壁上,绘有孙子"吴宫教战"的巨幅壁画;在美术馆里,展出着《孙子兵法》的书法;在魁北克省中山同乡会的会所里,也布满了《孙子兵法》、兵马俑等中国兵家文化的书画和工艺品。

2012年,新华书店(加拿大)第三届图书文化展在加拿大温哥华郊区的里士满市举行,参展的上万本图书绝大部分为新近出版的畅销书,包括社会科学类、经济管理类、语言学习类和英文版中国图书等,其中最受欢迎的是《孙子兵法》、《易经》、《太极》、《中国武术》、《中国象棋》等中国传统文化书籍。

新华书店(加拿大)总经理李大庆介绍说,书展可以传承文化,这些参展书籍,特别是文化教育类的书籍能让华裔孩子有机会接触中国文化、学习中国文化,另一方面,也能向加拿大的读者介绍中国文化。

位于加拿大曼尼托巴省会温尼伯市的千禧年纪念大图书馆,耗资2000多万加元扩建之后,每天有5000多人次到大图书馆来参观和阅读。《孙子兵法》、《吴子兵法》、《六韬》、《三略》、《尉缭子》、《司马法》、《卫公兵法》武经七书,以及《三国演义》等中国兵家文学书籍和连环画占了一定的数量。

加拿大埃德蒙顿中华文化中心图书馆成立于2009年,现有各类图书、音像制品等超万件,年均接待读者2000多人次,是当地小有名气、规模最大的中文图书馆。当地华人可以在这里领略和推广包括兵家文化在内的中国传统文化。图书馆受到华侨华人和喜爱中国文化的外国朋友的欢迎和好评。

据加拿大《世界日报》报道,第十届"多伦多中区华埠同乐日"举行,活动主题是展示中国古今风华,其中有中国传统文化特色的太极、功夫等表演。中国功夫板块展示了正宗少林功夫、双刀、软鞭、洪拳。

记者感叹,《孙子兵法》在北美洲的加拿大传播甚广,离不开作为中华文化传播窗口的唐人街,更离不开作为中华文化重要传承者和传播者的广大华人华侨。华人华侨远赴海外拉近了外国人与中华文化的距离,也让包括兵家文化在内的中华传统文化引起了更多海外人士的关注。中华传统文化也必将随着华人华侨遍及、融入世界各地而不断传承传播,发扬光大。

李零:《孙子兵法》有很深奥的哲学

北京大学中文系教授李零称:"古人说,'能言之者未必能行,能行之者未必能言'(《史记·孙子吴起列传》)。好兵书不一定是最能打仗的人写出来的,最能打仗的人也未必写得出兵书,写出来也不一定精彩。"

李零解读说,《孙子兵法》是一部兵书,但不是一般的兵书,而是具有战略高度、带有哲学色彩、侧重于运用之妙的兵书,在兵书中地位很高,是兵书中的经典。不但在中国是经典,在世界上也是经典,《孙子兵法》是中国文化在外国被较多人知道的经典之一。《孙子兵法》不仅是一部兵书,还是一部讲中国智慧的书,孙子的遗产是中国智慧。

"兵法里面有哲学吗?"李零问道。《孙子》作为兵书虽然讲技术,讲实用,但同样也有思想,也有哲学。哲学是爱智之学,兵法最讲智慧,里面当然有哲学,而且是最聪明最机灵的哲学。中国式的思维,和兵法有很大关系,不懂兵法就不懂中国哲学。《孙子兵法》和毛泽东兵法,都很有哲学味儿。

李零认为,打仗不光是体力活,还靠脑子。我们不要以为只有哲学家才懂哲学。兵法里面也有哲学,很深奥的哲学。《孙子》很有哲理,比其他兵法更有哲理,特别是在行为学上,有很深的理解。

《孙子兵法》首先是兵书,其次,它也是我们研究思想史,特别是研究古人思维方式的工具。李零评价说:"《孙子兵法》代表了中国思想上的一个高峰,它所处理的兵学现象和我们静态观察的周围世界不同,像打球一样,随时要接球。面对瞬息万变的局势,需要迅速做出反应。所以,我觉得它不仅仅是一种兵学,更是一种思想。战争是困扰人类的大问题,中国人把兵法当作研究人的大道理。"

李零提醒《孙子兵法》的研读者:历史上,文人读《孙子》,寻章摘句，多停留于字面，思想深度不够；近代不一样，文人改攻思想史，研究思想史的很多人都注意到，它很有哲理。我的看法是，《孙子》是高屋建瓴的，它层次高，很有哲学味道。但越是层次高的东西越不能乱用。登高要一步一个脚印往上爬，下楼要一个台阶一个台阶朝下走。你要把理论付诸实践，就得从理论的百尺高楼慢慢走下来。

李零强调，《孙子兵法》是给人以智慧的启发，而非实用指导，"它可以提供人们不断思考的问题，但并没有给你提供现成的答案。否则，不用说五千言，就是五万言、五百万言也写不尽"。

第三章　人生智慧

《孙子兵法》是人生智慧宝典

《孙子兵法》的特质，可以为人生所借鉴。其辩证思维的特质可满足人们启迪心智的需要，其独特的处世哲学蕴含着人生教化之理。因此，《孙子兵法》千百年来为世人所推崇，成为人生智慧宝典。

日本人手上离不开中国的两件宝：左手孔子，右手孙子，可谓文武并重，收发自如。这两件宝，一是儒学，二是兵学，相辅相成，相得益彰。

《孙子兵法》在韩国几乎家喻户晓，很多韩国人家中"家训"的内容多来自《论语》、《孙子兵法》，尤其是孙子的"智、信、仁、勇、严"五德，更是多被视为传家宝训。

她用女性的审美眼光和思维方式，把枯燥乏味的兵家文化融入现实生活；她把深奥的经典智慧，吸收为浅显易懂的实用生活方法，并赋予其人生的哲理。她是华人世界第一个把《孙子兵法》活用在现实生活中的女性学者——严定暹。

意大利女翻译家莫尼卡·罗西认为，《孙子兵法》可给任何人读，只要是为了立于不败之地的人，都可以读，都可以应用。

曾排名香港十大名人第一位的刘德华，是对中国文化认知度很高的歌星。他曾在港台推荐"十本好书"招待会上说："我觉得《孙子兵法》不应该是一次就看完的书，而要把它放在书架上，每遇到困难或什么疑难杂症时，就可以翻一翻。它提供了一把能开启你思想宝库的钥匙，这对我们的事业、人生道路各方面都有参考价值。"

香港流传着成龙"逼"儿子读《孙子兵法》的说法，他在谈到自己刚进入娱乐圈的儿子陈祖名时说，为了躲避狗仔队，儿子从小被他送到美国，但他还是不忘严格教导儿子学习中国传统文化，让他每天看《孙子兵法》。

中国社会科学院学部委员、澳门大学中国文学讲座教授杨义说，《孙子兵法》不仅是罗列战例的兵书,更是抽象地变成了世人生存的智慧。《孙子兵法》是最抽象的,也是最实用的。它能触动各种各样的思考,能串通人类的智慧,是启动人智慧的发条。

马德里大学西班牙及中国语文教授马康淑博士评价,中国的《孙子兵法》不仅是军事经典、哲学经典、经商宝典,而且是全人类的智慧宝库。

瑞士苏黎世大学著名汉学家、谋略学专家胜雅律形象地比喻说,《孙子兵法》是人类历史上最经典、最高超的智谋之书,中国人开辟的智谋学,是一个既深邃又广袤的天地。在这个天地里,充满着"知识可乐"。

德国科隆大学翻译家吕福克对孙子哲学认可度很高。他说,孙子在欧洲很有名,德国人很喜欢孙子,其中一个重要的原因是孙子思想闪耀着哲学的光芒。人们从这部享誉世界的智慧宝典中寻求兵法理论与哲学思想、管理理念的契合点,已经成为世界上许多国家的普遍现象,这就是孙子思想流传千年仍然"活着"的重要原因。

芬兰文版《孙子兵法》的译者马迪·诺约宁评价说,孙子的哲学思想对现代人特别有意义,对所有的人都有启迪和帮助。

美国夏威夷大学哲学系教授安乐哲表示:"《孙子兵法》是世界观、宇宙观、方法论,是哲学的思考,是社会最实用的智慧,对全世界和全人类都非常有用,这就是我向世界推广孙子哲学的原因。"

孙子吸引了一代代欧美读者,现而今,《孙子兵法》已经取得了广泛有如大众文化般的威名了。迈克尔·道格拉斯(Michael Douglas)和托尼·瑟普拉诺(Tony Soprano)可以熟练引用《孙子》。美国学者安德鲁·梅亚、安德鲁·威尔逊也纷纷赞叹。

一本具有两千多年悠久历史的中国兵书在当今欧美如此风靡,真是令人叹服。《孙子兵法》能令与其发源远隔空间、时间和文化的当代读者如此折服,充分证明了它的感召力。很多现代读者都着迷于《孙子兵法》的潜在应用,并用它解决当前的问题和情况。军官为《孙子兵法》在现代战争中的效用所鼓舞,公司经理热衷于吸取《孙子兵法》的经验用于商业策略,其他读者则感叹于该书对各种形式的竞争和人际关系的洞察力。

新的《孙子兵法》的英译本每年都出版,其中许多译本根据具体的读者群采取了不同的翻译角度。因此,我们可以发现适合经理人的、适合运动员的、适合战场上的勇士的不同的《孙子兵法》，甚至，学术的翻译也贴近这些大众化的处理方式。这是因为《孙子兵法》是不朽智慧的宝库，其古老的语言中可以提炼出超越时间、空间和环境等一切因素的道理。这可不是说这种处理《孙子兵法》的方式没有价值，许多启人智慧和鼓舞士气的著作就是以这样的脉络推出的。

日本人手上两件宝：左手孔子右手孙子

日本知名华文媒体人孔健在接受中新网记者采访时形象地比喻说，日本人手上离不开中国的两件宝：左手孔子，右手孙子，可谓文武并重，收发自如。这两件宝，一是儒学，二是兵学，相辅相成，相得益彰。

老家山东青岛的孔健到日本已有26个年头，他对同乡的孔子和孙子怀有特殊的感情，热衷在日本传播儒家和兵家文化。他对记者说，"《论语》加算盘"的经营理念，很早就由被誉为"日本资本主义之父"的涩泽荣一提出。涩泽荣一是著名实业家，在日本几乎家喻户晓，曾参与创办东京证券交易所、第一国立银行（现瑞穗银行）等500多家企业，其中不少企业至今仍是日本经济的顶梁柱。

孔健解释说，算盘就是计算、算计、计谋，《孙子兵法》十三篇开篇就是"计"。孔子和孙子基本生于同一时代，家乡都在山东，一个是文圣人，一个是武圣人。"左手孔子，右手孙子"的搭配可谓完美无瑕。

涩泽荣一能创办并使500多家企业发展壮大的秘诀就在于此，即用孔子的儒学统一思想，用孙子的兵学武装企业。孔健说，"左手孔子，右手孙子"是日本在"二战"后迅速成为世界经济强国的一个重要因素。如今，进入世界500强的日本企业几乎都研究《孙子兵法》。

孔健认为，日本深受中国儒家思想和兵家思想的双重影响。可以说，日本是除中国之外，《论语》和《孙子兵法》传播最早、影响最深最广的国家，中国文化已融入日本人的血液和骨髓。他说，德川家康开创的江户幕府延续260多年之久，其中一个重要的原因就是他善用中国的两件宝。

孔健还举了另外两个事例。一个是日本人从小不是打棒球，就是踢足球，在体育中接受《孙子兵法》的熏陶，几乎人人都知道"知彼知己，百战不殆"的名言。日本著名棒球教练野村克也经常用《孙子兵法》教导队员，

日本华人学者孔健

使每名队员都懂得学好兵法才能打好棒球的道理。另一个是《产经新闻》20多年来每周刊发5名企业家的座右铭，其中不少人的座右铭是孔子或孙子的名言。

孔健告诉记者，日本人学《孙子兵法》，字斟句酌，一丝不苟，深刻领会，用心实践，有时甚至比中国人还认真彻底。韩裔日本人、软银集团创始人孙正义就是其中的杰出代表。他应用《孙子兵法》的智慧，结合企业自身实际，总结出一套独特的经营管理理念，名曰"孙子兵法"，其核心就是25个字：一流攻守群，道天地将法，智信仁勇严，顶情略七斗，风林火山海。他运用这套理论，逐步建立起了自己的"通讯王国"。

日本人的情报意识渗进血液中

日本获取灾害情报的效率非常高，大地震后15分钟自卫队就出动飞机，媒体也在第一时间派出飞机侦查灾情，有关部门通过遥感卫星获取灾区录像。地震发生第一天，NHK和各家民营电视台就把节目全部改成了地震情报的滚动直播。地震发生一周内，日本大部分数据服务中心工作照常运转，网络畅通。

日本人习惯把信息说成情报，信息网成了情报网。日本情报受中国《孙子兵法》的影响，而日文中情报这两个汉字产生于19世纪末。至今，日本朝野上下对孙子的"用间"仍如获至宝。日本人以情报立命，视情报为岛国生存、拓展的第一要义。

记者在东京街头看到，情报公司的广告与招贴随处可见，书店里《经营战略和情报收集》等书籍、电子情报书籍和各类情报杂志琳琅满目，五花八门的风俗情报、电影情报、动漫情报多如牛毛，令人深为日本情报业之发达而吃惊。

据《日本新华侨报》总编辑蒋丰介绍，日本早就为"个人信息情报"立法。2009年，日本军界发生了一起惊天大案，日本陆上自卫队内部有人将陆上自卫队现役的14万大兵的情报卖给了东京一家不动产商，获利100万日元。日本陆上自卫队警务队以

本书主编与《东京新闻》记者交流

涉嫌违反《行政机关个人讯息保护法》，逮捕了这个出卖情报者。

当然，这只是个案。然而，情报意识确实已渗进每一个日本人的血液之中。日本是一个社会情报意识很强的国家，从政府官员到普通老百姓，都十分清楚岛国的地理条件和资源贫乏的情况，他们视情报为生命。总喊着"岛国沉没"的日本人，在深刻的忧患意识下患上了严重的"情报饥饿症"，大凡世界上任何一个角落出现有价值的情报，几乎都会在第一时间被日本人获悉。

如今，日本情报的外延在迅速扩大，它囊括了大众传媒、政府、企业、家庭、教育等社会各方面，情报技术以令人无法想象的速度发展。全日本情报学习振兴协会、情报科学与技术协会、电子情报技术产业协会、情报通信学会、农林水产省技术情报协会、社团法人企业情报协会、灾害情报学会、情报安全管理协会、情报处理开发协会、医疗情报协会和画像情报协会等情报组织数不胜数。

日本国立情报学研究所是世界一流的情报机构，研究方向包括情报学基础、信息基础设施、信息与社会等，有实证和情报学资源两个研究中心。学术情报中心开发的数据库有59个种类，可检索9500万条数据，检索14.9万名研究人员的简历。

随着"新闻事业时代或大众传播时代宣告结束，传播与情报时代已经到来"，1992年，东京大学新闻研究所正式易名为社会情报研究所。札幌学院大学社会情报学部为全日本首创，群马大学社会情报学部、名古屋大学大学院人间情报学研究科等也相继建立。在"国际化"与"情报化"潮流的冲击下，不少女生大学如大妻女子大学社会情报学部也在进行大改组。

进入信息时代后，日本情报学已成为许多大学竞相开设、并投入大量人力财力研究的一门显学。东京早稻田大学设有情报信息专业。京都情报大学院大学是日本第一所"IT专业人才研究生院"，建校使命和目的是在信息爆炸时代，通过培养超越以往的、具有高度的技术、广泛的知识以及国际化的高级IT职业专家，来对日本实现高度信息化社会和经济再生起到贡献作用。

日本遭遇强震、海啸后，部分地区电话通信中断，互联网成为网民获取情报的重要渠道，寻人中介搜索、微博客、视频网站也提供类似的情报服务。日本软银推出了"灾害用传言板"以随时了解地震情报。

韩国女总统朴槿惠欣赏赵子龙

　　韩国现任总统朴槿惠于1952年生于韩国大邱市，父亲是韩国第五至第九任总统朴正熙，母亲是陆英修，朴槿惠是朴正熙的长女，她有一个妹妹朴槿令和一个弟弟朴志晚。她精通汉语，喜欢中国哲学，是韩国政治家、韩国第18任总统，韩国历史上首位女总统，也是东亚第一位民选的女总统，更是韩国唯一父女皆任总统的范例。

　　1953年，朴家搬到汉城居住，到了上学年龄的朴槿惠就读于奖忠小学校；1961年，朴正熙发动军事政变上台，朴槿惠以"第一女儿"的身份入住青瓦台；1967年，朴槿惠毕业于汉城心中学校；1970年，毕业于圣心高等学校；1970年至1974年就读于韩国西江大学电子工程系，获理科学士学位，曾于法国格勒诺布尔大学进修；1974年22岁时，母亲陆英修遭到刺杀，她匆匆结束法国的留学生涯回国，一度代行"第一夫人"的部分职责；1974年至1980年，她任韩国女童子军名誉总裁；1987年，获台湾中国文化大学名誉文学博士头衔，并曾于该校研修"最高产业战略课程"；1993年，她任韩国文化财团董事长，同年出版著作《如果我生在平凡的家庭》；1994年，任韩国文人协会会员。

　　朴槿惠的父母都曾在中国东北生活过，他们从小教她认汉字，说汉语。小学的时候，父亲送给她一本《三国演义》，她爱不释手。她特别欣赏英雄赵子龙，他勇猛、忠诚而坚毅，其中大战长坂坡，"怀抱后主，直透重围"一幕，尤其让她怦然心动。

　　朴槿惠酷爱中国哲学，中国的哲学智慧对她产生了很大的影响。她曾在韩国文艺月刊《月刊随笔》上发表了题为"遇见我人生的灯塔——东方哲学"的文章。在文中，朴槿惠抒发了阅读《中国哲学史》所得到的感动和人生的教训，以及蕴含着的做人的道理和战胜人生磨难的智慧。她曾这样评价东西方哲学的不同:"东方哲学与重视逻辑和论证的西方哲学不同,它讲究领悟。"

朴槿惠和她父亲朴正熙一样,喜欢并熟读《孙子兵法》,她欣赏孙子说的"不战而屈人之兵"。她经常在私下表示说,中国的《孙子兵法》上讲"百战百胜,非善之善者也;不战而屈人之兵,善之善者也",她非常欣赏这些理念,因为它是军事中的经典。朴槿惠不仅把孙子的理念应用到执政和军事上,而且应用到韩国的社会生活中。

2012年7月10日,身为韩国前新国家党非常对策委员会委员长的朴槿惠正式宣布参加总统选举。朴槿惠称自己将和韩国国民一起分担痛苦,共同解决问题。她还提及自己的参选口号,表示自己想成为一个在国民心中种下梦想的总统,还想打造一个为国民培养和实现梦想提供帮助的政府。朴槿惠强调的以"国民幸福"为先的主张,体现了《孙子兵法》的"先胜"思想。

朴槿惠在人生中几乎经历了许多悲惨的事情,这些经历都对这个女总统的执政思路产生很深刻的影响。不过,从朴槿惠的历次参政生涯表现中不难看出,她既具备传统韩国妇女温柔、安静和耐心的性格,同时又有坚强、独立、勇敢、果断等男性气质。这也许与她熟读《孙子兵法》,喜爱《三国演义》,崇拜中国英雄赵子龙不无关系。

韩国人先读《三国》再读《孙子》

"《孙子兵法》、《三国演义》等影响了一代又一代的韩国人。"韩国孙子兵法国际战略研究会会长黄载皓介绍说,在韩国,从老人到小孩几乎没有不知道《孙子兵法》的,成年人就更不用说了。许多韩国人把孙权看成是孙子的后代,《三国演义》又充满兵法谋略,其中许多经典战例脍炙人口,因此在韩国读该书的人很多。他就是读《三国演义》长大的,后来又读《孙子兵法》。

《三国演义》早在16世纪就传入韩国,是韩国读者最多、影响最大的一部中国小说。韩国驻华大使金夏中表示,韩国小孩从小就开始读中国的四大古典名著,感受中国文化和历史,其中《三国演义》最受欢迎。

许多韩国朋友吃饭聊天时常常会把话题转到了三国的故事上,他们对三国的人物和故事情节了如指掌。韩国有句话叫"不要和没读过《三国》的人说话",韩国朋友说"没看过《三国志》就不算男人"。其实不只是男人,韩国男女老幼都喜欢《三国志》,不知道《三国志》的人很难找到。"三国"的影响由此可见一斑。

目前公认韩国最古老的三国小说刊本是17世纪的《新刊校正古本大字音释三国志传通俗演义》和韩濩(韩石峰)的真迹《蜀汉诸葛武侯出师表》。四百年里,不同时期的韩国文人在原著的基础上翻译、改写,出现了30多个版本的《三国志》和一千余种三国研究书籍。1965年,《三国演义》开始在韩国日报连载,到1968年为止总共刊登了1603次。朴钟和的《三国演义》被无数文人墨客争相翻译,逐渐成为妇孺皆知、家喻户晓的书。

《三国演义》本就是以小说的形式出现在世人面前的,所以小说是韩国人最为熟悉的三国艺术形式。从古至今,韩国有很多关于《三国演义》的小说版本,韩国人根据本国的特点,不断创造出很多小说成果,完成了

《三国演义》的本土化。韩国近年来出版的《三国演义》韩文译本、评本、改写本达数十种。一个广为人知的畅销版本是李文烈的评译本,在韩国非常流行,销售了1200万本。韩国漫画家李嬉宰从2000年10月开始对李文烈的畅销书《三国志》进行漫画改编,每月出版1卷,共出版了10卷《漫画三国志》。

以三国题材为内容的韩国动漫在保留了中国传统文化特征的基础上,又在本土化创作中融入了当代文化的特征,并对韩国青少年的价值观、审美观、道德观起到了引导作用。韩国出版机构表示:"《三国志》是让孩子们熟悉英雄们的雄心、智慧、人格及信念的重要教材,如能帮助孩子们树立未来的人生坐标,我们将心满意足。"

此外,各种形式的三国游戏在韩国也大受欢迎。据介绍,《三国志》游戏曾风靡整个韩国,韩国女总统朴槿惠钟情的《三国志——赵子龙传》于2006年2月面世。许多玩家表示,玩三国游戏就像读三国小说。

韩国与中国共同开发"三国电影",双方在三国人物塑造、新技术运用和宣传销售上展开了全方位的合作,形成了优势互补,使"三国电影"具有了新特色,在韩国掀起了新一轮的"三国热"。韩国本土围绕三国题材生产的文化产品数量激增,这不仅对韩国文化产业的发展做出了重要贡献,也推动了中韩文化的交流与互动。

记者在仁川采访时发现,仁川市中区的唐人街上出现了"三国志壁画",该壁画是中区政府为建设唐人街景点而设的。壁画全长135米,展现了77个场景和50名三国主要人物的肖像画,描绘了众多脍炙人口的经典战例。壁画上的文字用的是韩文,它成为仁川的一大中国传统兵家文化景观,吸引了众多韩国人驻足观看。

《孙子兵法》影响代代韩国人

韩国国旗太极旗，中间为太极图，四个角上是四组八卦符号，分别代表天、地、水、火，国徽中间是太极图，融入《易经》、《孙子兵法》元素；韩国人的围棋、象棋、掷棋、摔跤、跆拳道也汲取了中国古代兵法的精华，这充分说明了东方古典文明的文化传统，在韩国得到继承和推崇。

在首尔的街头巷尾飘荡着中国风，许多刻意保存的古建筑如地位与北京紫禁城相当的"景福宫"、位于城市中轴线南北两端的"崇礼门"与"光化门"仍旧悬挂着端庄、威严的汉字牌匾，就连最热闹的时尚购物区"明洞街"，也有不少商号用汉字标示品名。这说明韩国对汉字还很留恋。

在首尔南山谷韩屋村传统的韩屋里，可体验韩国文化之源，这里展示的韩字、韩服、韩乐和韩纸等韩国传统文化，与中国文化不可分割。韩屋村里"绿树无言春又归，青山有约晚更好"等数十条对联，不仅都是汉字，而且全来自中国的诗词。韩屋村里的古代建筑，带有更多的汉唐风格兼韩国特色，让人置身于中式建筑颇具一点异国风情。

韩国著名经济学家宋丙洛称，儒家文化早已走出"文化读本"的范畴，深刻地影响了韩国的风俗、习惯以及思维方式。可以毫不夸张地讲，儒家文化已经完全浸入这个民族的骨髓。自儒教传入朝鲜半岛的千百年来，儒家文化落地生根，遍地生花，深深融入了韩国社会的每一个阶段、每一处脉络，从而影响着这个国家的过去、现在和未来。

韩国孙子兵法国际战略研究会会长、国际研究学院院长黄载皓认为，韩国一直属汉字文化圈，韩国一般的高中毕业生也都能认识1800个左右的汉字。至今，电视上仍然在不断播放有关孔子、老子、孙子思想的节目，人们的日常行为方式、思考方式也都深受中国文化的影响。

记者在韩国国立民俗博物馆看到，这里展示了韩国的历史文化和传

统生活方式,众多模型、文物
尤其是书籍、字画都浸泡着中
国儒家、道家、兵家等诸子百
家的文化。

　　《孙子兵法》在韩国地位
很高,评价也很高。黄载皓介
绍说,古今中外有关战争理论
的世界名著,当首推《孙子兵
法》。这部巨著在战争本质、理

《孙子兵法》影响代代韩国人

论、原则、执行方法等方面都显示出了高超的洞察力。它为世界所公认,
为韩国所折服。

　　"孙子提出的方法对今天韩国的社会生活也非常有用,《孙子兵法》
并非是在战争中获得胜利的战略书籍,它也是人生的教科书,生活的百科
全书,在和平时期仍然影响着韩国人。"黄载皓说。

　　黄载皓告诉记者说,《恋爱兵法》、《上司兵法》、《办公兵法》、《职
场兵法》、《家庭兵法》,甚至《搬家兵法》,在韩国也演绎得十分精彩,说
明中国的传统文化影响了现代韩国人的思维方式和日常行为方式。

《恋爱兵法》走红韩国

以《孙子兵法》为题材的文娱节目在韩国很流行。2008年，青春偶像剧《恋爱兵法》由韩国人气偶像演员金桢勋和中国台湾天后徐若瑄、中国香港老戏骨吴孟达以及内地艺人陈紫函、袁文康主演，火热登陆韩国荧屏，在KBS电视剧频道播出，精彩绝伦的"爱情兵法"的曼妙招数令韩国观众叫绝，在韩国再度掀起了"中国风"。

《恋爱兵法》讲述了韩国贵公子金正浩为追寻初恋情人欧阳明明而远赴中国，与明明的经纪人王文清展开恋爱争夺战，最终却与欢喜冤家孙雨萱相恋的故事。该剧第一部分着重展现金正浩和王文清采用兵法谋略展开爱情战争，香港著名喜剧演员吴孟达在剧中扮演一位"爱情理论家"，不断为金正浩出谋划策，其独到的表演为该剧增加了不少兵法元素。

《恋爱兵法》之所以一炮走红韩国，也许与韩国观众长期热衷于中国的《孙子兵法》有关。韩国是热衷于出版、普及和研究《孙子兵法》的国家之一，已陆续出版了百余种韩文版相关书籍，《孙子兵法》创下韩国出版最高纪录。韩国电视台、韩国文化电视台曾开设"孙子兵法大讲堂"，做了450场电视讲座，收看的韩国观众不计其数。与《孙子兵法》相关的音像制品长年不断。

韩国孙子研究学者评价，该剧用恋爱兵法获取幸福的制胜法宝，将兵法谋略巧妙穿插到故事当中，用兵法玩转爱情，全力打造的"恋爱战争"，让韩国观众在感受跌宕起伏的爱情故事中领略中国兵法的神奇，给韩国观众带来全新的体验。

据悉，该剧的制作班底由中韩两国的电视精英通力合作打造，热播剧集《士兵突击》的制片人吴毅在该片中出任制片人，而总导演康洪雷则是该剧的艺术总监，可以说是《士兵突击》的原班班底卸下武装换上了一身红装,用《士兵突击》的演员精彩演绎《恋爱兵法》。

制片人吴毅是《士兵突击》、《军人机密》、《功勋》等热门军事题材剧集的制作人,他在接受采访时曾表示,他对《恋爱兵法》的期待就是希望它能成为国产偶像剧的一部具有特殊意义的作品,他们在策划该剧时,曾经注入了许多新鲜的元素,包括"兵法"的概念。

香港老戏骨吴孟达在剧中扮演一位深谙"恋爱兵法"的前辈,教金桢勋运用《孙子兵法》赢取爱情。他笑称,这个角色极具挑战性,连影帝周润发、梁朝伟都不会来演,因为"他是一个老处男"。内地影视演员袁文康坦言:"《恋爱兵法》是我拍摄时非常开心的一部戏,这部戏让我体验了怎样在现实中运用古代的'兵法'拯救爱情。"

韩国大妈·冰箱·泡菜兵法

　　"韩国大妈和冰箱、泡菜也用《孙子兵法》。"韩国孙子兵法研究院院长宋震九语出惊人，令记者匪夷所思："《孙子兵法》不是筐，不能什么都往里装啊！"

　　"《孙子兵法》不是筐，而是'宝葫芦'。"宋震九执著地对记者说，韩国有家叫万道的公司，就是发明泡菜冰箱的企业，应用孙子"胜兵先胜而后求战，败兵先战而后求胜"的思想，敢于与大企业竞争，先入为主，制造了世界上绝无仅有的泡菜冰箱，迅速占领市场，从而一举成名。

　　宋震九介绍说，韩国有冬天腌制泡菜的风俗，家家腌制，少不了冰箱储藏。因为冷藏后的泡菜会更脆，味道更正，而不冷藏会继续快速发酵变得更酸，最终腐败。万道公司为发明适合韩国人可以储藏泡菜的冰箱，特意去学习法国的葡萄酒冰箱和日本的寿司冰箱，做到"知彼知己"。

　　然后，万道公司又进行市场调查，学孙子摸清"情报"。调查发现，泡菜冰箱市场潜力巨大，大约有十亿美元的市场。接着，万道公司把韩国大妈作为主要"情报来源"。在韩国，韩国大妈是很厉害的。万道公司选择2000名韩国大妈作为调查对象，设立了两个条件：一个是给韩国大妈免费试用泡菜冰箱三个月，然后把冰箱还给公司；另一个条件是使用三个月后，半价购买冰箱。结果让万道公司喜出望外，2000名韩国大妈都购买了冰箱，没有一个归还。

　　于是，万道公司就大规模生产泡菜冰箱，并在韩国大行其道，进入千家万户，这家企业的品牌也就变得家喻户晓。宋震九说，韩国制定的冰箱市场准入标准中有一条，在韩国销售的冰箱里必须有一个韩国的泡菜坛子，因为韩国人都喜欢吃泡菜。而泡菜坛子是有专利标准的，专利掌握在万道公司的手中，就是像三星这样的知名"家电大鳄"也只能自叹不如了。

宋震九还介绍说,不仅泡菜冰箱的发明与市场调查充满了兵法的神奇,而且在使用泡菜冰箱中也同样充满了兵法的威力。由于诞生了泡菜冰箱,以韩国大妈为主力军的泡菜店如雨后春笋,在韩国遍地开花。于是,韩国大妈的冰箱泡菜兵法就应运而生了。

韩国大妈的冰箱泡菜兵法

据介绍,在韩国的许多传统家庭中,一坛泡菜的原味卤汁甚至可以传承九代人,由曾祖母传给祖母,祖母传给母亲,再由母亲传给儿媳,然后接着往下传。韩国大妈开的泡菜店,成为韩国的一道道风景线,十分惹人注目,生意也很红火。

为了印证宋震九说的韩国大妈的冰箱泡菜兵法,记者走访了首尔数家韩国大妈开的泡菜店。每家店虽然面积不大,约十多个平方米,但"布阵精妙"。店里自然少不了冰箱和泡菜,韩国大妈颇懂"造势",墙壁上、玻璃上、柜台上,甚至冰箱上,每一处可利用的地方,都贴着泡菜食品广告和宣传画,美观而不杂乱。

记者在一家韩国大妈泡菜店就餐,但见韩国大妈单枪匹马,既当老板,又当厨娘,还兼伙计。她"独辟蹊径",经营韩国人生病才吃的营养粥,有20多个品种,都有图案,任意选择。记者喝着韩国大妈亲手熬的粥,品尝"母爱腌制出的泡菜",感受"妈妈的味道",真正领教了韩国大妈的兵法着实厉害,可谓名不虚传。

河内"36街"与"三十六计"

越南中文翻译阮孟雄先生带记者来到河内著名的"36街",他向记者介绍说,"36街"充满了《孙子兵法》的"三十六计",值得一去。记者向阮先生纠正道,三十六计与《孙子兵法》并不是一回事,三十六计或称"三十六策",是指中国古代三十六个兵法策略,语源于南北朝,成书于明清;而《孙子兵法》是中国古典军事文化遗产中的璀璨瑰宝,是世界三大兵书之一,成书于春秋时期。

阮先生学的是工商管理,自选的外语是汉语,他对中国文化特别感兴趣,曾到过中国北京、上海、西安、苏州和杭州等十多个大中城市考察,越南政府接待中国访问团或到中国访问都请他担任翻译。他幽默地对记者说,到了"36街",不是"三十六计走为上",而是"逛为上"。

果然,"36街"充满了《孙子兵法》元素。首先,凸现在地形上。如孙子所说"我可以往,彼可以来,曰通。通形者,先居高阳,利粮道,以战则利"。"36街"的每条街不长,一般只有几百米,但街街相通,纵横交错,街道串着街道,街坊连着街坊。

在这里经商的不管是越南人还是华人,占领了有利地形,就占领了市场。记者看到,"36街"上摩托车纵横驰骋,来回穿梭,方便的运输、充足的货物,给商品的流通、商业的繁华带来了极大的便利。

河内著名的"36街"一角

其次，凸现在兵力集中上。《孙子兵法》中集中兵力原则的论述，是孙子军事思想的精髓之一。"36街"集中在河内市中心，集中在一个区域，集中优势资源进行集中交易，有利于创造局部优势。

据越南史书记载，河内在历史上就是越南商业比较发达的城市，交易成行成市。1875年，河内已有36条街。当时不少的街道以集中交易的货物名称命名，如"糖街"、"鱼街"、"棉行街"、"纸行街"、"帆行街"、"鱼露行街"、"银器行街"、"锡行街"、"茶行街"等，渐渐形成不同的行业街，故有了一条街一个行业之称，不少街名还沿袭至今。

再次，凸现在独辟蹊径上。这是孙子军争中"致胜"的最有效方式。行业街最大的好处是便于个性化购物，需要哪种东西，就到专卖街道去购买。如到行盐街买食盐，行药街买中药，行帘街买竹帘，行席街买草席，行纸街买绵纸、草纸，行银街买金饰等，这是河内与世界其他国家首都完全不同的一个特点。

记者发现，随着历史的变迁，古街虽然发生了变化，但这里的专营传统始终保留着。如行炭街专卖扁米糕和婚礼食品，行布街专卖竹子，行粥街专卖机械等。新开的如服装、鞋帽、箱包、眼镜、五金、家电、珠宝、婚纱等行业街也生意兴隆。因为购物方便，河内人仍然喜欢逛"36街"。

此外，还凸现在造势上。孙子十分重视战势变化和造势用势。"36街"顺应河内旅游业发展，宾馆、酒吧、咖啡馆、啤酒店、小吃店为主体的美食街应运而生，势头很猛，吸引众多游客光顾。

"36街"上，一辆辆红色敞篷三轮车载着客人穿街走巷，成为古街一道亮丽的风景。如今，古街不仅是购物的去处，更成为外国人休闲度假、旅游观光的特色景点。在很多人看来，逛街其义不在"吃"，而是在品尝越南老街的别样"风味"。

大马华人的兵法・事业・人生

21年来，他出版了《漫谈孙子兵法》、《孙子兵法教本》、《我与孙子》、《孙子兵法散论》、《兵法・事业・人生》等专著；在《星洲日报》、《南洋商报》及《联合早报》社论版发表了孙子相关论文100余篇；穿梭于吉隆坡、新加坡和中国之间，做了680多场孙子及有关思想的讲演会……这就是用《孙子兵法》经商的马来西亚华人吕罗拔的兵学艺术人生纪录。

吕罗拔是马来西亚孙子兵法学会的发起创始人，他1939年出生在马来西亚美丽的怡保市，12岁时，老师讲的张良读兵法故事引起了他对中国兵书的浓厚兴趣，便买了3本同一版本的《孙子兵法》开始很认真地读。

"开始10多年根本没读到什么，直到36岁之后才开始慢慢感觉到能应用。"吕罗拔告诉记者，1975年，他第一次活用《孙子兵法》中"避实击虚"、"胜于易胜"的战略，以550新元在马来西亚新的巴士转换站中标了唯一一间售卖间的经营权，尽管当时零售业很冷门，但三年后就拥有了第一个100万新元资产，然后乘胜追击，多年后便拥有巴士转换及轻快铁站的地王店等。目前，光每月收租5万多新元，还有75年的拥有权，单此总资产值超过5000万新元。

要说真正对《孙子兵法》理解，是直到1990年前后，吕罗拔买到了一本《孙子兵法校析》和《孙

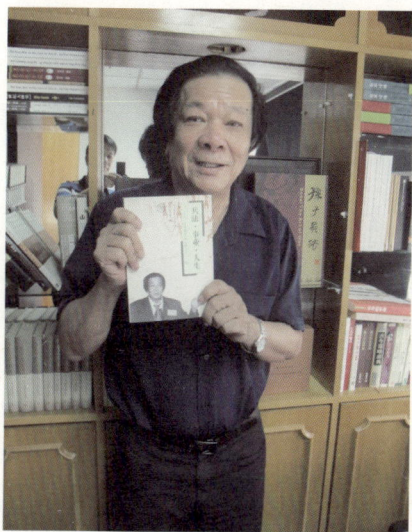

大马华人的兵法・事业・人生

子兵法校本》，他如获至宝。吕罗拔是学者，更是商人，他把《孙子兵法》中蕴含的军事哲理，现实地运用到了经商管理、人际关系中，还用《孙子兵法》指导人生。

吕罗拔认识到，《孙子兵法》是一门讲全胜、使人立于不败之地的学问，兵书围绕一个"胜"字，是一部不折不扣的"成功学"，而成功则是包括一切的成功，经济、财富、实力的成功，甚至还包括家庭、健康、夫妇、子女、教育、人际关系的成功。

2000年的第一个月，在新加坡许多热闹的大型咖啡厅，都有中国某银行的广告，上面写着："孙子兵法助龙腾飞。"谁是龙呢？吕罗拔说，大概是指那些有学识、有才华、有实力又有理想的华人吧。但更重要的，应该是指整个神州大地，以及全体龙的传人。

吕罗拔向记者介绍说，他21年来在马来西亚吉隆坡中华大会堂演讲，也在新加坡中华总商会讲学，还到中过中国20多所大学演讲，共讲了680多场《孙子兵法》，受到马、新、中三个国家的听众的欢迎。

吕罗拔坚信，中国是古代思想文化最发达的国家，在过去传统思想文化的基础上，必然可以领悟出超越现实的智慧，造福全人类。从而更坚定了他实现"兵法、事业和人生"的心愿。

泰华一家亲 如同左右手

"泰国是海外华侨华人聚居最多的国家,其中又以潮州人最多,约有700万之众。华人和泰人世世代代和谐相处,携手发展,泰华一家,如左右手。"对《孙子兵法》颇有研究的泰国潮州会馆副主席方炜在接受记者采访时表示说。

方炜介绍说,从泰国素可泰王朝时期起,一批批华人开始迁居泰国,在此安居乐业,繁衍生息,与泰人相处和谐、水乳交融,为泰国的繁荣与发展做出了巨大的贡献,为中国与泰国的长久友好奠定了基础。

泰国潮州会馆图书馆馆长李友忠称,如今泰国到底有多少华侨华人,没有一个确切的数字,因为在泰国,华人、泰人已水乳交融。泰国华人人口大约占全国14%,这是指仍保留中国国籍者而言,其实,多年以来,有大量华裔居民已入泰籍,并拥有泰人姓名。

说着相同的语言,过着一样的生活,华人的华族血统,融入了泰国人的身份之中。华人是泰国国民一分子,获得同等对待,不容歧视,和泰人一样受泰王爱护……熟悉泰国和华人社会的李友忠,拿出图书馆藏的《孙武兵法》对记者说,正如孙子在《九地篇》中所云:"当其同舟而济,遇风,其相救也如左右手。"他还向记者讲述了泰华一家亲的形成历史。

曼谷王朝在与吞武里隔河相望的湄南河边建起首都,需要大量素质高、工艺技术水平高的劳动力,而由于潮州人在帮助郑王复国过程中有功,在泰国享有"皇族华人"的荣誉,故有大量的潮州人涌入泰国,形成了第一个移民高潮。他们与其他华人一起,为泰国社会的经济建设做出了积极的贡献。

华人在泰国成为自由劳动力,仅须缴纳外侨居留税,有比泰人和其他少数民族更优越的条件。加上泰人基本对从商不感兴趣,使华商无须与泰人竞争。华人在泰国安定下来以后，许多人与当地泰族女人或中泰混血女人相互通婚，进一步促使潮州人与当地人和睦相处，共同生活。华人与人为善、祥和谦让和热情好客的习俗礼仪，早已为泰人所借鉴，泰国人与陌生的华人很快就能融洽相处，给人一种亲如一家的感觉。

"二战"以后，泰国逐步从农业国向工业化国家转变。已经成了泰国经济领域重要力量的华商企业家，在推进泰国经济现代化中扮演了重要的角色。他们从大米贸易开始，兴起了四处做买卖的风气，从中介商、零售商变成了现代企业家，形成了新兴的商人阶层。

到了现代，华人凭着经商经验和资金基础，依然在工、商和金融业扮演着主导角色。在曼谷，华人及拥有华裔血统泰人数目几乎占一半人口，华人已进入了泰国的主流社会。目前，泰国60%的大机构及银行由华裔人士控股，泰国最大规模的银行如大成、盘古、京华等，都以华人为主要股东，华人华裔企业遍布泰国的各行各业。

大批华人移居泰国，其中尤以华东南岸的潮州人居多。他们将中国的风俗习惯带到这里。在饮食方面，泰国菜受到中国烹煮方法的影响很大，与潮州菜相近，就连泰语中也渗入了一些潮州语。

说到潮州会馆，方炜颇为自豪。他对记者说："我们会馆是泰国规模最大的华人团体，会员成千上万，光理事就有好几百。我们的宗旨之一是促进中泰亲善。建馆初期，我们组织潮州米业公司购运米粮到潮汕平卖，减轻了当地的粮荒。曼谷黄桥及彭世洛府大火灾后，我们开展了救灾活动，开创了泰国华人社团大规模救灾的先例。"

方炜说，抗战胜利后，潮州会馆曾组织暹罗华侨救济祖国粮

泰国潮州会馆图书馆馆长李友忠讲述泰华一家亲的形成历史

荒委员会，复办培英华文学校，创办会馆医务处，修建华人公墓，筹集米粮赈济泰国各地水灾、火灾灾民。1957年，泰国发生流行感冒、霍乱等传染病时，会馆不分种族，大量施医赠药。历年来救灾恤难，捐款慰劳，修建学校、医院、寺庙，繁荣了泰国经济，推动了社会公益事业，受到泰国政府及各界人士好评。

中国兵法让泰国华人引以为豪

　　《孙子兵法》在东南亚的传播很广，尤其是在华人众多的泰国被广泛接受与喜爱。中国的兵家智慧，在东南亚的影响是十分巨大的。在曼谷书店，记者看到有泰文版、英文版、中文版，还有礼品版、精装版、线装版、图画版的《孙子兵法》；在曼谷汉语书店中文版本很多，有中国大陆版、中国台湾版，如《孙武兵法》、《孙子兵法智慧》、《孙子兵法大传》、《搞定孙子兵法》等，十分醒目。

　　据泰国华人作家协会秘书、泰国潮州会馆图书馆馆长李友忠介绍，《孙子兵法》在此间的影响可追溯到泰国的第二代王朝。这代王朝的末期，缅军攻入大城，大城被沦陷。这时，出现了一个姓郑的中国人，他重新组织力量大举反攻，和缅军展开血战，消灭了据地称雄的其他势力，收复了失地，统一了泰国，建立起了泰国的第三个王朝。

　　人们奇怪，一个华人怎么可能在他人的国土上立足并崭露头角？原来郑王在这次战争中展现出了中国式的英勇和智慧，熟练引用了《孙子兵法》，成就了泰国历史上一分钟定天下的美谈。于是，中国兵家文化在泰国受到推崇，让泰国华人一直引以为豪，并奉为法宝。

　　泰国侨领廖梅林就是其中突出代表，他潜心研究传播《孙子兵法》60年。受《孙子》十三篇的影响，廖梅林30多岁就写

曼谷书店各种版本《孙子兵法》

成《商场经纬》十二篇,由台湾商务印书馆董事长王云五作序,发行3000多册,时隔40余年,《泰国风》杂志做了连载。1982年,廖梅林开始着手白话注解《孙武兵法》,花了大量时间对泰文版《孙子兵法》进行校正,先后出版两个版本。

目前,泰国有近千家中文学校,其中得到泰国政府认可、具备颁发正规文凭资格的学校也多达数百所。在华人众多的泰国,学汉语之"热"已在民间燃起,包括儒家文化、兵家文化在内的中华文化在泰国受到推崇。天津师范大学在泰国曼谷建立了第二家孔子学院,该学院也同时传授老子、庄子、孙子等中国古代的思想。泰国孔敬大学孔子学院的图书及音像资料,有《孙子兵法》、《孙膑兵法》汉英对照、《孙子兵法》光盘。

泰国正大集团董事长谢国民在投资战略中善于念好孙子的"智胜经",先谋善断,兵贵神速,顺势而动,跻身世界500强大企业行列,成为最有钱的泰国人,当选中国侨商投资企业协会会长。泰国侨领李光隆深谙《孙子兵法》"知彼知己,百战不殆",扬长避短、出奇制胜的策略。经过30多年的奋斗,李光隆成为泰国知名的金融证券商,成为泰国华人的巨富。

被誉为"泰国围棋之父"的泰国正大集团副董事长、世界华人围棋联合会会长蔡绪锋,用《孙子兵法》理念和谋略来开拓市场,事业迅猛发展。他曾专门把自己的有关思考撰写下来,出版了《东方CEO》一书,并自创一套"围棋管理法",用他对围棋棋道的理解,来诠释如何把中华文化用于商业经营。

不仅是华人,在泰华一家的泰国,对中国兵家文化多有几分兴趣。泰国文的《孙子兵法》,由天猜·严瓦拉梅翻译,在1977年出版。泰国副总理颂奇为道南学校进行捐款,乡亲们则为其献上了具有中国特色的5英寸微雕象牙扇《孙子兵法》作为纪念,这是由澄海著名微雕艺术家创作的。

世界泰拳理事会副主席方炜告诉记者,已有了500年历史至今相当普及的泰拳,属于武术体系,堪称格斗技中的极品,而武术的元素源于《孙子兵法》。脱胎于暹罗武术的泰拳,其根源是中国南派格斗。泰拳融入了兵法的智谋、胜变、进攻、防御等军事思想,泰拳师决胜条件是智谋、技艺、气力及精神力量的总结合,其最高领域为机巧圆通、变化无常。

华人靠中国人智慧立足缅甸

记者在仰光市中心的一栋四层漂亮楼房里见到了缅甸华商商会会长赖松生，他祖籍福建龙岩，兼任福建籍同乡会副会长、龙岩同乡会理事长。他的会客室橱柜内，摆放着《孙子兵法》、《出师表》等竹简，还有战国时期的马车仿制品等，充满了浓浓的中华文化的气息。

"我们华人在缅甸立足十分艰难。我们来的时候一无所有，而现在有了自己的一片天，这主要靠的是老祖宗留下的博大精深的中华文化，靠的是中国人的聪明、智慧和勤劳致富，孔子、老子、孙子的思想对我们很有用。"赖松生与记者侃侃而谈，"这栋总面积3000多平方米的四层楼房，是缅甸政府于2010年4月1日归还给我们华商商会的，也是我们凭华人的智慧重新获得的，因为我们华人在缅甸有智慧、有作为，所以赢得了地位。"

赖松生说，华商除了经商赚钱，在缅甸别无出路，而经商的智慧宝库是《孙子兵法》，它给了缅甸华人生存与发展的智慧和胆略，经商没有中国人的智慧是不行的。赖松生赠送了《缅甸华商商会世纪华诞纪念册》给记者，厚厚的两大本，承载着缅甸华商百年奋斗的厚重历史，字里行间透着中国人的智慧。

缅甸华商商会自1909年成立起，就注重传播中华文化，建立缅甸侨中，传授《论语》、《孙子兵法》等，培养了一大批精英人才；成立仰光青

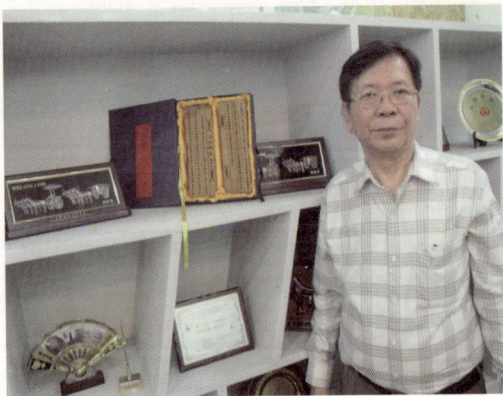

缅甸华商商会会长赖松生

年体育文艺团体巨轮社,创办华文媒体《新仰光报》,弘扬儒家文化和兵家文化。

战后的缅甸工商业,绝大部分都是华商建立的,华商为缅甸市场物资的交流、供应、生产付出了聪明才智;20世纪五六十年代,华商商会兴办工厂,开缅甸民族工业之先河;到了20世纪90年代,缅甸实行市场开放政策后,华商的智慧得到更大发挥,在各个经济领域施展雄才大略,有把缅甸土特产打进国际市场的林成隆,有拓展缅甸木材市场的杨立贤,还有发展缅甸橡胶园的雷明都等,如今华人经营者约占橡胶业的九成左右。开拓缅甸宝石市场的佼佼者杨钏玉也遵循孙子的教诲,发明了"谋而不争,做而不抢,防而不害,备而不战"的玉石"十六字方针"。

作为新一代华商商会会长,赖松生有着新的理念和思路。他认为,华人企业要参与激烈的国际竞争,需要用包括兵家文化在内的中国人的大智慧。而如何传承和创新文化是摆在他面前的新课题。赖松生的父亲是缅甸老一辈知名爱国华人,赖松生是长子。他父亲从小就告诫儿子,不能忘记自己是中国人,不能丢掉中国人的传统文化。赖松生是带着父辈的嘱托挑起缅甸华商商会会长的重担的,他正带领华商继续用中国人的智慧在缅甸创造新的辉煌。

赖松生对记者说,过去没有钱,华商商会要搞中华文化活动,四处筹款;现在他们有钱了,今年9月9日要接待中国侨联的"中华文化"大型演出,他们拿出了1000多万,原来只演一场,他们要求增加一场,费用由他们华商商会承担,让更多的缅甸人和华人接受中华文化的传播。

如今,缅甸华商商会创办了"孔子课堂",建立了东方语言与商业中心,开设了汉语部,总计23个班级,建立了福星语言与电脑学苑,开通了《缅华网》,支持缅甸当代首家华文报纸《金凤凰报》……中华文化的传播生生不息。

赖松生向记者透露,目前正在筹办的缅甸华商工商管理学校,与中国知名高等学府合办,把《孙子兵法》及在世界上应用成功的案例作为教材,培养好下一代缅甸华商,让中华文化薪火相传,让中国智慧发扬光大,造福海外的子孙后代。

蒙古华侨用团队精神拥抱成功

　　记者在蒙古飞往北京的飞机上巧遇蒙古国中华总商会名誉会长、旅蒙古国华侨协会会长白双占，他1958年出生在中国内蒙古，1959年就随父母到蒙古国寻找伯父。他的伯父1945年跟随苏军和蒙军到蒙古，参加过抗日。他就读于蒙古华侨学校，从小受中国文化的熏陶，读过《孙子兵法》、《三国演义》等中国兵家书籍。

　　白双占介绍说，旅蒙华侨史大致分为四个阶段，由四代华侨组成。第一代华侨在民国初年蒙古独立前从山西、河北等地来蒙做皮毛生意并留下来的；第二代华侨是1945年蒙苏联军从中国撤军时，顺带一批东北年轻人来蒙做建筑工、开饭馆、做小买卖；第三代华侨为1956年来蒙"淘金"的一批中国人；第四代华侨为20世纪90年代的新移民。如今蒙古华侨已进入第六代了。

　　"蒙古华侨好比是一个团队，孙子说要上下同欲，团队能否抱团，关乎团队的存亡，这是孙子的道。我们蒙古新老华侨就是靠孙子的团队精神拥抱成功。"白双占说，"旅蒙古国华侨协会成立于1952年，是旅蒙华侨唯一的侨团组织。目前旅蒙华侨共2300余人，仅占蒙古国总人口的1%左右。我们蒙古华侨圈子很小，不是沾亲就是带故，有利于抱成一团。"

在飞机上的旅蒙古国华侨协会会长白双占

白双占接着说，为了提高旅蒙华侨的文化水平和整体素质，华侨协会于1964年创办了旅蒙华侨子弟学校，教授汉语，传播中国文化，许多华侨子弟在侨校读过《论语》和《孙子兵法》，学到了中国人的智慧。48年来，侨校共培养出数千名优秀毕业生，为提高华侨的文化素质发挥了巨大的作用。

团队间逐渐形成"道"，预示着团队的未来。白双占认为，孙子所说的"主孰有道？将孰有能？天地孰得？法令孰行？兵众孰强？士卒孰练？赏罚孰明？吾以此知胜负矣"，这对华侨团队同样适用。蒙古华侨人数虽少，但很优秀，是有谋略、有意志、有勇气的，在各种恶劣的环境下，成就了不屈不挠的性格。侨胞之间非常团结，传承了中国人的美德，和居住国人民一起，同守蓝天白云。

白双占对记者说，当蒙古华侨进入第六代时，华侨的文化素质和生活质量大大提升。原来华侨大多聚居在蒙古首都市中心区名为"一百户"的地方，现在大都搬到博格达小区，分散到不同的楼房中，要发挥"抱团精神"，华侨协会的担子更重了。

对此，我们每月印发免费报刊，发送到乌兰巴托30多个华人单位、中国餐馆、华人旅社，与广大蒙古华侨华人定期交流，为他们服务，排忧解难，你事我事，事事关心，彼此守望，互相照应。

白双占告诉记者，目前，中国大陆和港澳台在蒙古国注册的两千多家企业，成为中国在蒙投资贸易的主体。蒙古国市场就像一朵"带刺的玫瑰"，新侨经济在蒙发展既面临良好机遇，也面对严峻挑战。于是，他们把加强与蒙投资的华资企业的广泛联系，加强新老华侨的团队建设作为侨协的重要使命。

白双占表示，如今走在乌兰巴托的大街上，每天都能见到新来的中国人。在乌兰巴托市内有100多家中餐馆，生意非常火爆。乌兰巴托新建的大量楼房，许多是新侨建筑企业承建的。近年来新华侨创办了数百家建筑建材公司，其中新华侨投资的砖厂就有一百多家。蒙古的新老华侨，正在用孙子的智慧在蒙古高原拥抱新的成功。

孙武后裔苏州"寻根之旅"

    香港国际孙子兵法应用协会会长、孙武第79代子孙孙重贵撰写的《孙武后裔苏州寻根之旅》,在"苏州穹窿山杯"《孙子兵法》全球征文大赛中获得一等奖。此文字里行间流露出来的不仅是对祖先孙武的无比敬仰,更表达了对《孙子兵法》诞生地吴地的一片深情。

    孙重贵还记得,宗族家中的大门楹联为"稽源虞舜,派衍东吴"。族中老人告诉他,"本孙氏宗族,考其始也,系于虞舜,源于陈齐,发祥于吴。他们家族是'东吴苗裔',故称'派衍东吴'"。于是,他明白"吴"是家族的发祥之地,也是自己的根脉所在。所以,他自幼就对"吴"怀着深深的眷念,有一种浓得化不开的情结。

    转眼到了2007年,也正是香港回归祖国十周年,孙重贵终于来到了苏州吴中,登上了太湖之滨的穹窿山,实现了多年的愿望。而穹窿山留给孙重贵的第一印象是它那不凡的气势。此山气势雄伟,地域宽阔,山色秀美,如入仙境。

    对于走遍神州的孙重贵来说,或许穹窿山并不算是巍峨的高山。然而,他借用了"山不在高,有仙则名"这句话来形容它。当年,兵圣孙武便是在这片幽静而葱郁的山坳中的茅棚坞里写下了闻名于世的《孙子兵法》。

    孙重贵沿着被绿荫覆盖的山路,穿过门楼,在竹子之间、柴门后面,

孙武后裔兵法诞生地"寻根之旅"

看到了渐渐显出的那间茅屋。向往已久的、所要追寻的情景，在这一刻终于和现实重叠。

孙武苑草堂是五开间的茅屋，依山而建，屋前的一泓清泉是用竹筒从山上引下，屋内设有古床、古凳、蓑衣、锄头等设施，屋外一侧是菜地，另一侧则是一个竹亭，模拟出了孙武当年隐居生活的状况。

走进茅屋，犹如走进2500多年前的历史时空，仿佛看见先祖端坐案前，时而凝神思考，时而奋笔疾书。《孙子兵法》这部'世界第一兵书'，渐渐在竹简上清晰而精彩地呈现出来。"孙重贵深情地说。

孙重贵来到吴地穹窿寻找祖先痕迹的日子里，恰好孙武文化园奠基、孙武书院成立典礼暨苏州第三届孙子兵法国际研讨会也同期召开。作为孙武后裔，他受邀以嘉宾的身份在典礼上致辞。

此次发言，经不住又是一份感情的流露。他动情地说："我的先祖是睿智的，他选择了一片山清水秀、文化厚重的热土来孕育他的思想、挥洒他的智慧；我的先祖是幸运的，他幸遇伯乐识他鲲鹏之志，又逢明君展他的雄才伟略；我的先祖是幸福的，他的智慧得以穿越历史的沧桑，在现代文明的世界里依然大放异彩。"

作为香港著名诗人，孙重贵用诗情画意的语言结束了他的发言和首次寻根之旅："'万顷太湖朝穹窿，兵圣孙武建奇功。'今天，我在这里看到了'揽万顷太湖、凌亿丈穹窿'，看到了民族传统文化与现代社会发展相融合的勃勃生机，看到了东方古老的智慧与世界先进文明相交融的和谐世界。"

2014年11月，孙重贵来到孙武归隐终老地苏州相城区，听了孙武纪念园规划建设情况汇报后深情地表示："作为孙武后裔，抱着感恩的心情前来，我们的先祖孙武如在天之灵有知，定会感到无限的欣慰和快意。"

将兵法运用于生活的女性学者们

华人世界演讲兵法的大都是男性学者,女性学者乃凤毛麟角。但也有不少将《孙子兵法》活用在现实生活中的女性学者。

她们用女性的审美眼光和思维方式,把枯燥乏味的兵家文化融入现实生活;她们把深奥的经典智慧,吸收为平浅易懂的实用生活方法,赋予其人生的哲理。

她们有淑女的风范、仪表、谈吐,举止温文尔雅。她们又是一位位才女,专长《孙子兵法》、《易经》、《史记》、中国文学诗词赏析,还著有与《孙子兵法》有关的许多书籍,在中国大陆和中国台湾十分畅销,并多次再版。她们讲"孙子教我们怎么解决问题",其中有人开设的讲座能吸引商人搭飞机跨海听课,连开24期,期期爆满。

许多女性孙子研究者一开始就没把《孙子兵法》仅当作兵书来读。她们历经几十年研读,独辟蹊径,把《孙子兵法》涵摄入现代生活,做一深入浅出的阐释,从多角度向世人揭开这一千古奇书之智慧密码。她们认为用兵不只在战场,也在你我生活中!用兵法过生活,让你无往不利!

有女性学者撰写的书籍,如《两性兵法》别开生面:"'情'字这条路,得用智慧走"、"相爱容易相处难"、"转识成智"、"美成在久"、"有时星光,有时月圆"、"生死在舌尖"、"不轻言战"、"给他赢!给他赢!"等章节娓娓道来,充满哲理的光彩。

再如《情绪兵法》分为"洞明世事,练达人情"、"风月无千古,情怀自浅深"、"智者见其智,愚者见其愚"、"柔弱胜刚强"、"怒而不怒,兵法都在笑谈中"等章节。

又如《实战兵法》别具一格:《新解孙子兵法——战略篇》,分为"从全方位掌控局面"、"布局"、"取胜轻而易"、"柔弱胜刚强"、"百战百胜之秘籍"、"慎始与美成"等章节；《新解孙子兵法——应用篇》，分为"掌握趋势"、"善用形势"、"审时度势"、"践墨随敌"、"将军之事"等八个篇章，无不洋溢着兵家的智慧。

中国的哲学本质上是生活哲学，离开了生活就没有哲学可言。有女性学者说，《孙子兵法》是以"成就人、成就事"为目标的人文哲学和应用科学，不仅可以启迪人做正向思考，更可以开发人的权变创新智慧。只有融入兵法的人，才能智慧地生活。

台湾师范大学中文研究所硕士、现任台湾科学委员会研究员的严定暹是这些女性孙子研究者中的佼佼者，她说，读《孙子兵法》是会很快乐的，不是因为你从此以后"百战百胜"，"胜败乃兵家常事"。而是因为它教会我们，勇于尝试，不怕失败，失败没什么了不得，《孙子兵法》就是引导我们走过失败、走向成功的一个宝典。"如果人的一生只能读一本书的话，那就应该是《孙子兵法》。"

有对《孙子兵法》深有研究的教授说，中国最了不起的是女人哲学，因为那是柔性攻势。如果你做一个"女柔人"，那你一定是一个强人。柔弱胜刚强，这是孙子的"道胜"哲学。

中印联盟主席称印度要学中国智慧

　　"印度人普遍对来自喜马拉雅山另一边的中国,这个全球发展最快的经济大国有极大的兴趣,印度人需要认识中国。"中印教育科技联盟印方主席穆迪用略显生硬的中文对记者说。

　　穆迪说,印度人越来越多地拿自己与中国比较,印度和中国有许多惊人的相似之处,都是文明古国、丝绸王国、发展中大国。中国有太极,印度有瑜伽;中国有神龙,印度有神象;中国有古老的哲学,印度也有古老的哲学,都很神奇。

　　穆迪还说,印度人也越来越多地学习汉语,学习包括儒家文化、兵家文化在内的中国传统文化。目前汉语已经成为印度大学里相当热门的专业了,许多印度人以会讲汉语为荣,印度商人和在当地中资公司工作的印度员工学汉语的也越来越多,他们对孙子的哲学思想也越来越喜爱。

　　穆迪告诉记者,他从小成长在华人众多的马来西亚,对中国传统文化早已耳濡目染。华人们对《孙子兵法》都很热衷,他小时候的伙伴很多都是中国人,也喜欢听他们讲中国的故事,如《三国演义》等经典的兵家故事,曾深深地吸引着他。加上他娶了中国湖南的妻子,喜欢抽中国烟、吃红辣椒……那份浓浓的中国情愫,使他总是希望能为推动中印交流做点力所能及的事。

　　2003年,怀揣美好梦想的穆迪在印度最大

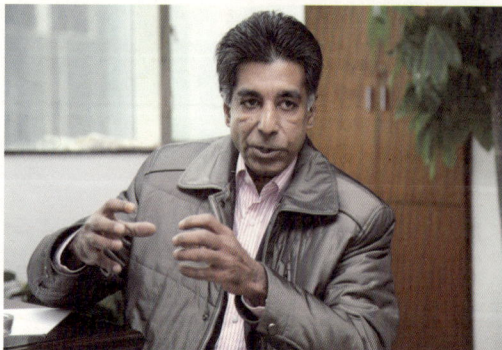

中印教育科技联盟印方主席穆迪

的IT城市班加罗尔创建了中印教育科技联盟，据了解，这是印度首个致力于推动两国之间的教育合作，促进中印文化教育交流的民间机构。穆迪不仅是助推中印文化交流的民间友好使者，更是印度建立孔子学院的"红娘"，由该机构牵线，促成了印度第一个孔子学院正式成立。

"只有通过文化的交流，两国民众才能真正看到、了解彼此的长处。"钟情中国文化的穆迪对记者说，由于历史缘故，中印教育合作初期，困难之多、障碍之多，超出常人想象。直到2004年4月，温家宝总理成功访问印度后，中印联盟利用民间组织的优势，通过搭建教育平台，终于打破僵局，于2005年成功促成历史上第一批中印联合办学的500名学生展开交流。

穆迪表情严肃地说，印度必须面对中华文化，学习中国人的智慧，这是两国关系发展互相利益的需要，也符合印度的经济利益。此外，中印经贸发展更需要包括儒家文化和兵家文化的中国文化。印度12亿人口中，60%是25岁以下的年轻人。不断增长的人口需要更多的就业机会，印度大学生想要不断地提高自己，需要了解中国文化。

印度的企业面临挑战，也需要吸取中国人的智慧，更需要孙子的智慧应用于企业发展。穆迪接着说，中国目前是印度最大的贸易伙伴。近年来，随着中国同印度政治、经济、文化交流的日益加深，汉语在印度不少地方持续升温。

穆迪表示，印度第一个孔子学院成立还远远不够，目前他正力促在印度建立更多的孔子学院，让更多的中印大学展开交流。孔子学院不仅要学汉语，也要系统传播包括孙子在内的中国哲学，传播博大精深的中华文化。

华仔有感话兵法

　　表现墨家"兼爱非攻"思想的战争巨片电影《墨攻》，讲述的是刘德华饰演的墨家代表帮助梁王守城的故事，上映后反响强烈。电影《天机·富春山居图》讲述中国传世名画《富春山居图》在战争年代流传到国外，几名中国人誓死将它追回祖国的故事。该图合璧展在即，国际黑市开出天价，日本黑帮、英伦大盗闻风而动。刘德华饰演的身陷不白之冤的国际特工肖锦汉，为证清白重出江湖，暗中执行"孙子兵法"计划。

　　曾是香港十大名人排名第一位的刘德华，曾演过多部与《孙子兵法》相关的影视剧。他在香港"2002年十本好书"推介活动上说，他已看过《孙子兵法》，因一直都想拍一套关于孙子的电影，便想了解它是怎样的一本书。看过之后，发觉它实在是一本很有趣味的书，也是一部值得经常翻看的书，古今中外的人都对这本书很感兴趣。美国西点军校必修《孙子兵法》，美国哈佛大学MBA课程亦必修《孙子兵法》。此外，电脑金童前两年出版了一本很著名的书《数位神经系统》，书中亦引用到《孙子兵法》，为他写序言的李泽楷亦有提到《孙子兵法》。

　　刘德华还推荐了自己喜欢的朱经武先生的《活学活用孙子兵法》，他觉得此书深入浅出，很容易令读者深明个中道理。

　　虽然刘德华工作繁重，但他还是尽量

电影《墨攻》剧照

争取时间阅读包括《孙子兵法》在内的各种类型书籍，就连漫画书也不放过，果然深明"书中自有黄金屋"的道理，他说："我经常抽空读书，从香港到柏林坐飞机需要十多个小时，这就是我看书的好时间。"

华仔是对中国文化认知度很高的歌星，香港媒体多次报道"刘德华借《孙子兵法》开动脑筋"、"华仔爱《孙子兵法》"等消息。刘德华有感而发："我觉得《孙子兵法》不应该是一次就看完的书，而是把它放在书架上，每遇到困难或什么疑难杂症时，就可以翻一翻。它提供了一把钥匙去开启你的思想宝库，它对我们的事业、人生道路各方面都有参考价值。"

刘德华说，《孙子兵法》还是一套心理学，例如"知彼知己"、"攻其不备"，这些道理往往能应用在生活和事业上。很多现代人视"计"为贬义词，其实，"计"亦可视为"计划"的意思。当我们清晰地去计划人生的时候，便能对号入座。

成龙"逼"儿读兵法

铁道飞虎、天将雄狮、功夫之王、功夫瑜伽、大兵小将……成龙是第一位真正意义上打入好莱坞的香港影星，也是唯一在好莱坞留下鼻印、脚印、手印的中国艺人。他创造了幽默风趣、变幻莫测的武打风格，也创造了自强自尊、愈战愈勇的成龙精神，彰显了中华优秀传统文化和民族精神。从香港到好莱坞，成龙一直宣扬着中国武术，宣扬着中国文化，宣扬着中国精神。

中国功夫与中国兵法密不可分，国际功夫影星成龙的一招一式，以静制动，融入了《孙子兵法》的元素，如孙子说："将军之事，静以幽，正以治。"成龙演的《奇谋妙计五福星》，讲述狱中5个素不相识的人成了好兄弟——五福星，在进退两难的境地如何运用他们的奇谋妙计脱险的故事。这也体现了孙子的智慧谋略。泰米尔猛虎组织战术揭秘："读《孙子兵法》学战略，看成龙电影摸战术。"

在香港流传着成龙"逼"儿子读《孙子兵法》的说法，他在谈到自己刚进入娱乐圈的儿子陈祖名时说，为了躲避狗仔队，儿子从小被他送到美国，但他还是不忘严格教导儿子学习中国传统文化，让他每天看《孙子兵法》。

成龙曾向上海媒体透露，他准备投资6亿拍摄电影《孙子兵法》，该片可能是香港电影史上最昂贵的影片，估计会花费8000万

成龙"逼"儿读兵法

美元。他在一次晚宴上曾对传媒谈及《孙子兵法》时说道："我们将不会在新片里采用电脑特技，也能够制造出多个大型而壮观的场面，我希望做出来的效果可以和好莱坞电影里的那些电脑特技相媲美。"

在与嘉禾影业公司合作拍摄新作《孙子兵法》，成龙坦言起初他一直想拍一部有关项羽的电影。但由于项羽只是一个国内人们熟悉的历史人物，国外很多人不清楚项羽这位英雄，投资方希望成龙能选择一个便于走向国际的人物。"而且在片中，项羽最后是要死的，他们（投资者）不想让我'死'。"成龙不失幽默地添了一句，引来了全场的笑声。

而当记者问刘德华是否有兴趣参与成龙有意拍摄的电影《孙子兵法》时，华仔说："其实我在很多年前就想拍这类电影。不过，如果由我去演将军，电影的场面和故事可能会很沉闷，不过成龙就绝对有能力拍好，他可以把故事变得很有趣。"

金庸武侠藏兵法

金庸是现代武侠小说的集大成者，也是中国文学史上不可忽视的一代名家。他精通国学历史、精通中国兵法，主编过《孙子兵法》，有"金庸兵法"之美誉。

金庸作为武侠小说这一"项目"的"奥运冠军"，他的小说中也多次出现《孙子兵法》。如《书剑恩仇录》陈家洛曾言"以火佐攻者明，以水佐攻者强"；《射雕英雄传》郭靖说"是故卷甲而趋，日夜不处，倍道兼行，百里而争利，则擒三将军。劲者先，疲者后，其法十一而至"；《倚天屠龙记》中武当六侠议敌少林诸僧，是"先胜而后求战"；而《鹿鼎记》中一再提及的"知彼知己，百战百胜"，都是《孙子兵法》中的警句或是从孙子那里演化出的。

金庸武侠的故事情节和人物活动，暗合兵法之妙。《孙子兵法》十三篇的大部分重要谋略，在金庸笔下的武侠小说里都能反映出来。如《书剑恩仇录》霍青桐欲营救陈家洛、喀丝丽等红花会众人，面对兆惠四万大军，即命军中精兵白旗第一队只许败不许胜，其目的正是诱敌深入。再如《射雕英雄传》中速战速决，源自孙子的"故兵闻拙速，未睹巧之久也"。

在小说《射雕英雄传》中，金庸讲过一段非常生动的故事：郭靖、欧阳克一起来到桃花岛向黄药师的女儿黄蓉求婚，其第二道考题就是要按照黄药师的箫声击打拍节。欧阳克表面聪明，一听就进入黄药师的节奏，但却差点被废掉武功；而郭靖生性愚钝，一直打不准。虽然郭靖无法打准，但却几度影响得黄药师和欧阳锋两位绝顶高手脱离自己的节奏。这其实是《孙子兵法》所说的"致人而不致于人"。如果缺乏定力，郭靖早就"致于人"了，也就没有了后来的"北侠"。

金庸小说《神雕侠侣》与《笑傲江湖》中提到的独孤九剑，为剑魔独孤求败所创，以无招胜有招，深得《孙子兵法》"兵无常势，水无常形"之精要, 杀尽仇寇奸人, 败尽英雄豪杰, 打遍天下无敌手。

　　有学者称, 用金庸小说可注解《孙子兵法》, 用《孙子兵法》可圈点金庸书中所蕴藏的兵法谋略, 金庸小说亦能作为兵法的参考书。

方润华用兵法造就智慧人生

　　2006年3月19日香港《大公报》刊登消息，中国孙子兵法研究会正副会长姚有志、吴如嵩少将一行莅港，前往方树福堂基金探望该基金主席、苏州市孙武子研究会名誉会长方润华。姚有志等盛赞方润华充分将《孙子兵法》运用于商业活动，并提出聘任方润华为该会特邀理事。方润华高兴地接受了，希望更好地宣传和弘扬这一中华文化瑰宝，共同为世界和平贡献力量。

　　方润华出生于1924年，祖籍广东东莞。1948年，他协助父亲方树泉在中环创立"协成行"，经营工业原料，很快发展成集团企业，成为香港开埠以来首批大地产商之一。60年过去，"协成行"这一老牌地产商号执著而稳健，依旧在香港唱响大风，方润华把成功总结为得益于中国传统文化，尤其是古代兵法给了他特殊而深远的教益和影响。

　　因为生逢战乱，方润华虽然没有机会念大学，但他非常重视中华文化。他认为，中华文化历经数千年不会消亡主要是因为很特别，中国文字深奥而有哲理，与西方文字有很大的不同。比如中文的"危机"，在危险中看到机会；中文的"错失"，即做错事就会失去一些东西，而英文里虽有错却没有失。站在香港这个中西文化交融的制高点，方润华点评中西文化洋洋洒洒，信手拈来。在采访中，他不时冒出一些蕴含哲理的孙子警句。

　　方润华告诉记者，"协成行"的发展经历了抗日战争、解放战争、朝鲜战争、1983年中英香港谈判、1997年香港回归、亚洲金融风暴等很多风波，有起有落，但最终经受住了考验，《孙子兵法》对他的影响很大。人生若想出类拔萃，必须灵活运用前人的智慧、中国古代的智慧，这是中国人的骄傲。如何将中国兵法，包括孙子、孙膑、吴起、孔明、刘伯温、鬼谷子等的智慧，运用于企业运营，是一个非常重要的课题。

《孙子兵法》最重要的一点是"知彼知己"。2003年，方润华判断香港地产市场调整基本到位，存在巨大投资机会，断然出击，先后斥资近7亿元购入中环金城银行大厦、尖沙咀崇山大厦以及港岛南区大潭道红山广场，变成今日的"协成行"中心，升值了一倍多。方润华说，这里所运用的就是毛泽东兵法"敌退我进，敌进我退"的战术。

方润华之所以高人一筹，是他集各家兵法智慧，从中探索从商的真谛。他把学习的体会和感想编写成书，指导本企业的经营活动，还赠送给各地图书馆和友人，提供给别人参考。他的《孔明兵法运用于工商业》一书，独具匠心地分为《将器篇》、《将弊篇》、《将志篇》、《将刚篇》、《智用篇》，从不同的方位和角度，汲取古代兵法之精华，演变为从商谋略，应用于商场之中。

有了这些兵法智谋，做起事来就稳健，稳中求胜。方润华经商的金科玉律是"保守经营，稳稳阵阵"。他只求"开慢车，求寸进"，稳健当头。他不同意过分地投机冒险，甚至不同意"失败是成功之母"的说法，不能忍受全军覆没。

方润华始终遵循孙子告诫的居安思危，慎之又慎，随时洞察商场风云。1997年6月香港金融风暴爆发前夕，他已预料到香港的经济泡沫即将爆破。一日，他偶然看到杂志上一帧照片，一个小孩在车内正愉快地吹肥皂泡，立即联想到香港当时的经济，很快就会像肥皂泡那样破裂。于是，他将这照片保存下来警示自己。不久，香港的金融风暴真的发生了，但因为他早有准备，采取了防患措施，便在金融风暴中只亏损了少许，避免了重大损失。

《孙子》是人类竞争发展智慧学

　　"《孙子兵法》首先是兵学圣典,但不仅仅属于兵学,而以其精辟的思想成为人类竞争发展各个领域都可受启迪的智慧学。"中国社会科学院学部委员、澳门大学中国文学讲座教授杨义说,此兵书词约理辟,不须浮辞而直指本原,务实之论多成智慧名言,以独到的思维方式和术语措辞使思想魅力得以千古保存。

　　杨义评价说,《孙子》十三篇,是精心结撰之杰构,无随意述录之芜杂,得智慧运思之经典。先以兵道笼罩全书,再述战前的庙算以及物质、编制的准备,继之以战争中攻守、奇正、虚实、形势诸端的运用,其后为地形、战区、火攻、用间等具体战术,形成一个相当周圆有序的篇章学结构。正如曹操《注孙子序》所云:"吾观兵书战策多矣,孙武所著深矣,审计重举,明画深图,不可相诬。"刘勰《文心雕龙·程器》也说:"孙武兵经,辞如珠玉,岂以习武而不晓文也?"

　　孙子把智慧放在第一位,把勇放在第四位,是有别于其他兵家的。《孙子兵法》不是罗列战例,而是抽象地变成一个世人生存的智慧。《孙子兵法》是最抽象的,也是最实用的。它能触动各种各样的思考,能串透人类智慧,是启动人的智慧发条。杨义说起孙子的智慧,话匣子打开,就滔滔不绝。

　　孙武是"中国式"的兵学智慧,其武道是"止戈为武"。由于立足历史实践和历史理性,《孙子兵法》往往能够简捷地揭示战争的本质特征和实质性的规律。它坦诚地告示:"兵者,诡道也。"战争面对的对手是一个活动着的,甚至是诡异莫测的变数。因此战争的过程,是一种以诡道破诡道的智谋和实力的较量,这就难怪曹操注解说"兵无常形,以诡作为道"了。

　　但通观《孙子兵法》,诡中有正,以正制诡,意在充分发挥以敌情为根据的自由精神的优势。因而这种诡道并非神秘主义的，而是全面多维度地论述和掌握兵学的"五事"、"七计"，即俗称"诡道十二法"。

探究兵道于兵事之外，有利于把兵事纳入人类生存的更深广的时空框架来思考，在血与火的学问中化生出智慧与谋略的学问。《孙子兵法》之所以受到普世的尊崇，一个基本性的原因是它在透彻的言兵中，蕴含着深厚的人类生存的关怀。既然以"诡道"概括兵学的本质特征，兵法也就以智为先，具有浓郁的重智色彩，这就使《孙子兵法》成为举世瞩目的智慧启示录。

孙子的奇正虚实之论，展现了活泼泼的中国智慧的辩证法神采，是中国很高的智慧。后世兵书记载，唐太宗曾俯首赞同李靖这番话："若非正兵变为奇，奇兵变为正，则安能胜哉？故善用兵者，奇正在人而已。变而神之，所以推乎天也。"唐太宗本人则说："朕观诸兵书，无出孙武。孙武十三篇，无出虚实。夫用兵，识虚实之势则无不胜焉。"

在谈到毛泽东把孙子"知彼知己，百战不殆"改为"知彼知己，百战百胜"时，杨义说这是毛泽东的一大创造，要认识敌人先要认识自己，要战胜敌人先要战胜自己。力量的源泉在于自己，根本也在于自己，先把自己调整好，把自己做强大了才有实力与敌人较量。中国要和平崛起，走向世界，就要把自己做强，才有说话的分量。孙子和毛泽东都是大军事家，都是大智慧，只是他们说的角度不同而已，毛泽东是发展了孙子的智慧。

西班牙学者称其是全人类智慧宝库

　　"西班牙的《智慧书》是处世经典，而中国的《孙子兵法》不仅是军事经典、哲学经典、经商宝典，而且是全人类的智慧宝库。"马德里大学西班牙及中国语文教授马康淑博士在接受记者采访时说，这两本书，都是智慧书，是东西方不同的智慧，但比起孙子的东方智慧来，西方的《智慧书》是小巫见大巫。

　　在马康淑的办公室里，醒目地挂着她与中国兵马俑合影的照片。她每年都要去中国进行学术交流，去过北京、上海、西安、杭州、桂林等著名城市，而西安临潼兵马俑博物馆她去了不下八九次。她看到整个兵马俑的壮观场景，对博大精深的中国兵家文化很惊奇。

　　马康淑告诉记者，她在中国大陆考察和在中国台湾学习汉语期间，就开始关注中国文化，关注中国的孔子、孙子。她发现，无论是中国大陆还是中国台湾，都在传承中国传统文化，都很有智慧。

　　马康淑对中国文化的热衷缘于她的中国丈夫——公立马德里语言学校中文系主任、马德里大学翻译学院兼任教授黎万棠。1980年，这位芳龄18岁的西班牙美女在大学图书馆与黎教授邂逅，她对这个彬彬有礼的华人小伙和中国博大精深的文化及语言

西班牙学者说《孙子兵法》是人生宝典

产生了好奇。结识三个月后，她就开始跟随黎教授学习汉语，并结合音译和意译获得了一个美丽的中文名字——马康淑。

与黎万棠结为伉俪后，马康淑为学习汉语，赴台湾淡江大学任教了近一年。回到西班牙后，她先在马德里大学下属的语言学院从事中文教学工作，后任西班牙文学系教授。她独自编著了数本汉语教科书和文字学著作，夫妻二人花了10年心血用西文合著《中国语文文法》，专供西语人士学习中文所用；还与一位法国教师合作，将法中双语教材译成西语版本。

马康淑介绍说，《智慧书》是格拉西安的代表作，汇集了为人处事的300则箴言，谈的是知人、观事、判断、行动和成功的策略，不失为处事修炼、提升智慧、功成名就、走向完美的经典。自问世以来，一直受到各国读者的喜爱。几百年来，它与中国的《孙子兵法》和意大利的《君王论》，并称为"人类思想史上的三大奇书"。

马康淑认为，《智慧书》提出了战胜生活中的尴尬与困顿的种种小策略，是雕虫小技，而《孙子兵法》讲的是治国、治军的大战略、大谋略。《智慧书》的人生格言，诸如"让事情暂时秘而不宣"、"让别人依赖你"、"避免让你的上司相形见绌"、"不要被激情所左右"、"走运的诀窍"等等，只告诉你做人做事的窍门；而《孙子》十三篇警句阐述的既有兵家智慧，又有人生智慧、经商智慧、谈判智慧，是无与伦比的大智慧。

马康淑对记者说，她家里有三个版本的西班牙文《孙子兵法》，经常研读。她在西班牙亚洲之家听过孙子与商战的讲座，西班牙人很想到中国做生意，很想学孙子智慧。随着东西方文化经贸的不断交流，包括孙子在内的中国的智慧正在被越来越多的西班牙人接受。

马康淑表示，《孙子兵法》才真正是全世界的智慧，孙子的智慧不仅被全世界认可，而且全世界至今都在应用，这是《智慧书》不可比拟的。

意女学者称《孙子》不只是写给男人的

意大利主流媒体《信使报》总编辑陆奇亚·波奇对记者"孙子兵法全球行",当好孙子的"信使",在全世界范围内传播孙子文化表示钦佩。她对记者说,如果意大利成立孙子研究会,她会很乐意参加。

陆奇亚·波奇典雅美丽,性格开朗。作为女性,她对女人研读《孙子》的话题更感兴趣。她向记者打听台湾有一位将《孙子兵法》运用于生活的女性学者严定暹,问她如何用女性的审美眼光和思维方式,把枯燥乏味的兵家文化融入现实生活,把深奥的经典智慧吸收为平浅易懂的实用生活方法,并赋予其人生的哲理。

严定暹著有《突破人生危机——孙子兵法的15个生活兵法》、《红尘易法》、《谈笑用兵》、《格局决定结局:活用〈孙子兵法〉》等书,在中国大陆和中国台湾地区十分畅销,多次再版。她提出"用兵不只在战场,也在你我生活中"的观点。在她的书中,可以领略女性特有的细腻和聪慧哲理的完美结合。这让意大利的女总编辑赞叹不已。

陆奇亚·波奇告诉记者,她曾三次到过《孙子兵法》的诞生地苏州。被誉为"东方威尼斯"的苏州与意大利威尼斯是友好城市,东方水城,小桥流水,水乡周庄,给她留下了美好的印象。难怪孙子在苏州写出的《孙子兵法》水味十足,刚柔相济。

"韩国拍了电视剧《恋爱兵法》,很有意思。"陆奇亚·波奇说,把孙子文化融入生活,更能体现孙子的现代价值、生活价值。她家里也收藏了三本《孙子兵法》,她很喜欢研读。孙子不再是男人们享用的专利,也是现代女性的武器。

意大利女翻译家莫尼卡·罗西也持有同样的观点,她认为,《孙子兵法》原来主要是为男人写的,因为女人在古代战争中没有地位。而现在不同了,

《孙子兵法》可给任何人读，只要是为了立于不败之地的人，都可以读，都可以应用。

莫尼卡·罗西翻译的意大利文《孙子兵法》已两次再版。记者注意到，像这样热衷于翻译《孙子兵法》的女翻译家，在意大利不是一个，而是一个群体，不少意大利版本的《孙子兵法》均出于女性之手。

记者在采访法国著名《周易》学家夏汉生时，他说孙子提倡"以柔克刚"，中国古代"柔"与"刚"都是武器，"柔"是钩，"刚"是剑，在战场上，有时钩比剑的作用和威力要大。

在意大利、法国，乃至整个欧洲，孙子研究者中女性逐渐增多。这一现象表明，与男性一样，女性对《孙子兵法》同样热衷。再则，女人的武器不可轻视，"柔性攻势"有时比"刚性攻势"更能解决问题，正如孙子所说："柔弱胜刚强。"

葡萄牙很需要学习《孙子》谋略

从《孙子兵法》到《三十六计》竹简、兵马俑，从《孙膑兵法》到《六韬》、《百战要略》，还有各种军事和兵器杂志，里斯本孔子学院充满了浓郁的中国兵家文化气息。令记者意想不到的是，在学院正厅最醒目的位置，孔子像与《孙子兵法》竹简并列放在一起，让人领略中国古代文武两位圣人的风采。

"这体现了中国儒家学说与兵家思想在孔子学院等量齐观，孔子学院遍布全球，《孙子兵法》应用遍及全世界。"里斯本孔子学院葡方院长费茂实博士对记者说，孔子学院不仅仅传播孔子，也传播包括诸子百家在内的更多的中华优秀文化，而孙子是"世界兵学鼻祖"，全世界都崇拜他，孔子学院应该有他的地位。

费茂实的名字用中文来解释，富含"树木茂盛、秋实累累"的意思，与推广中华文化、从事孔子教育紧密地联系在一起，很贴切。这位里斯本大学专研中葡历史和中葡关系的资深研究员，长期从事中国文化研究，多次到过中国，遍及北京、南京、天津、上海、广州、澳门等城市，他的著作成果与他中文名字一样茂实。

费茂实认为，在葡萄牙研究和传播中国兵家文化很有必要。葡中两国人民早在500年前就开始了交流和交往，在近代中西文化交流史上，第一个沟通东西方联系的是葡萄牙。葡萄牙人在澳门安居下来，长期成功地从事贸易与文化交流活动。

西方文化最早传入中国的西洋火炮是葡萄牙火铳，而中国陶瓷制作和茶文化是通过葡萄牙传入西方。17世纪中叶，通过澳门这座中西文化交流的"桥头堡"，以诸子百家为代表的中国文化大量流向西方。当时西方思想家、哲学家、军事家对包括儒家学说与兵家思想在内的中国文化产生了浓

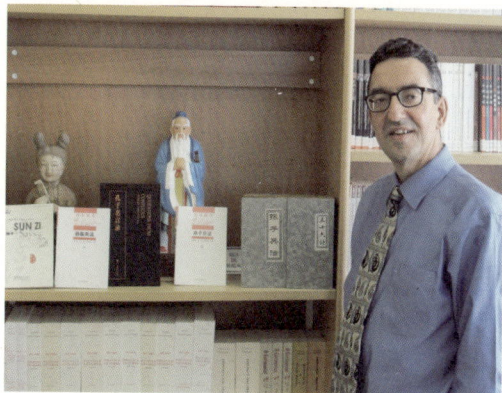

里斯本孔子学院葡方院长费茂实博士

厚的兴趣。

费茂实介绍说，葡萄牙的中国古典文化研究学者很多，在里斯本大学、里斯本技术大学有专门研究中国兵家文化的课程。里斯本大学社会及人文学院举办过三次中国文化日活动，其中穿插了中国兵家文化。里斯本孔子学院一方面教汉语，另一方面传播中华文化，相辅相成，相得益彰。学院有5位汉语老师，在教汉语的同时，他们传播中华文化，开设中国古代经典课程，有兵家文化的内容。

该孔子学院每周三和周末都举办中国文化活动，汉语角、剪纸、绘画、书法等活动都融入了兵家文化。如把孙子文化与太极拳结合起来，有葡萄牙人教，也有华人教。许多葡萄牙学生读过《孙子兵法》，会太极和中国功夫。孔子学院在里斯本大学理学院广场成功举办陈氏太极拳体验课，还将向葡萄牙民众讲授陈氏太极拳19式以及陈氏太极养生功等，在太极中体验神奇的中国兵家文化。

费茂实表示，《孙子兵法》的传播有利于葡中经济文化交流，他坚信中国的经济未来在全球一定是不错的，葡萄牙要摆脱金融危机，很需要学习《孙子》的智慧谋略。

中国人开辟智谋学充满"智慧可乐"

　　"中国人开辟的智谋学，是一个既深邃又广袤的天地。在这个天地里，充满着'智慧可乐'。"瑞士苏黎世大学著名汉学家、谋略学专家胜雅律操着一口流利的汉语形象地比喻说："我这个西方人虽然只是品尝了其中点滴，但依旧回味无穷。"

　　记者在瑞士古城纳沙泰尔见到了身高1.90米的胜雅律，他的德文名字叫哈罗·冯·森热尔，1944年出生在瑞士威勒采尔的一个书香之家，父亲是大学教授、建筑师，母亲是哲学博士，在一家杂志社当编辑。而他是瑞士比较法研究所（Lausanne）的中国法专家、弗莱堡大学汉学系的教授。

　　胜雅律告诉记者，他和中国文化很有"缘分"。1964年开始，他在瑞士苏黎世大学学习汉语，1969年获得法学博士，1971年至1973年在台北学习，1973年至1975年在东方大学学习，1975年至1977年在北京大学学习。他在瑞士学习时，当时的一位来自澳门的中国学生成了他的汉语老师，这位澳门老师送了他一个中文名字"胜雅律"，他很喜欢，因为这个中文名字与德文名字是谐音，意思是好胜儒雅懂法律。

　　胜雅律教授是欧洲著名的汉学家，几十年来，他不仅从事汉语教学，而且还撰写出版了大量有关中国法律制度的

瑞士学者说中国人开辟智谋学充满"智慧可乐"

书籍。他的《智谋》一书被翻译成十几种文字，在西方引发极大震动，四个月内连出三版，发行了一万多册仍供不应求，西方学术界和汉学界对此书赞不绝口。

目前，此书已出版了12版，并翻译成13种语言，瑞士电台还做了连播，并成为西方许多政治家、企业家的必读之物。曾有8位外国总统或总理热烈称赞过胜雅律并为其著作题词，德国前总理科尔特别写信给他，对此书加以推荐，盛赞此书是一本有助于西方人了解古今中国的应时之作。胜雅律被德国弗莱堡大学哲学院聘为院长，被苏伊士大学聘为终身教授，一时享誉欧罗巴。

2000年元旦，胜雅律的《智谋》一书被美国纽约Penguin出版社收入"名人堂"中。被收入"名人堂"中的多是西方最有名的古典家，如伊索、莎士比亚等。今天，他们大多已经去世了，而胜雅律是唯一的在世人。

"《智谋》的'矿源'在中国，智谋学是中国人开辟的"。胜雅律拿出他翻译出版的《孙子兵法》口袋书谦虚地对记者说，他的《智谋》书之所以风靡世界，是受孙子智谋的影响。"《孙子兵法》是人类历史上最经典、最高超的智谋之书。我对《孙子兵法》的理解不是我个人的成就，而是中国著名孙子研究学者李炳彦给我的启发，我曾20多次求教于李炳彦。"

海内外专家认为，胜雅律的《智谋》书不仅把在中国广泛流传了几千年的智慧瑰宝系统地翻译出来并介绍给全世界，而且从此建立起一门得到各国学者热门研究的学问——现代智谋学。

中国人会"妙算"全球最有智慧

　　"中国人应该是全世界最有智慧的人，因为中华传统文化已流淌在中国人的血脉中。"在伦敦一条清静街道上的古老花园洋房里，记者见到了84岁高龄的英国著名侨领、全英华人中华统一促进会会长单声。他开朗的胡卷透出超凡的睿智，矍铄的目光闪烁着别样的神韵。

　　单声用一口流利的老上海话与同是上海人的记者侃侃而谈，让记者颇感意外和亲切。单声祖籍江苏泰州，1929年出生于上海，在黄浦江畔度过了21个春秋。1951年从复旦大学毕业后赴法深造，3年后获得巴黎大学国际法学博士学位。在游学英国、西班牙后，被迫"弃学经商"，开始在欧洲各国做进出口贸易的生意。后来在德国和西班牙创办了自己的公司，从而开始了他漫长的海外传奇式的商旅生涯。

　　单声思路敏捷，语出惊人，他对记者说，2500年前孙子提出在庙堂里"庙算"，写进了《孙子兵法》十三篇的开篇："夫未战而庙算胜者，得算多也；未战而庙算不胜者，得算少也。多算胜，少算不胜，而况于无算呼！"如今，孙子的"庙算"已成了"妙算"，是中国人智慧的代名词。

　　"中国人脑子活，对数字特别敏感，一句话，能算！"单声告诉记者，一次他到英国帝国理工大学看到，考试分数排在最前面的都是中国人，尤其是数理化。在大英博物馆，展出的中国算盘，算盘下面是中国的麻将，寓意孙

英国著名侨领单声

子的"妙算"。他风趣地说，中国有句老话，叫"麻将桌上选女婿"，说的也是会算。

单声结合自己的经历说，做生意要会算，凡是做生意成功的都会算。会算的人有智慧，不会算的人谈不上智慧。单声自信自己"坐四等舱出来，坐头等舱回去"，他的秘诀是"神机妙算"，看准时机，果断投资。20世纪60年代初，他在西班牙投资房地产业，买下的地皮在30年中涨了1000至5000倍，这使他成为当地传奇的华裔地产商。如今，他已涉足证券、期货的买卖，也非常会"算"。

单声举例说，他发现西班牙南方滨海地区正处于旅游观光房地产事业的萌芽时期，地价相当便宜，只有5西币一平方米。也就是说，他每给一次25西币小费就等于丢了5平方米地皮。他计算当时一块美金只能换三百多块钱，而一块美金可以买很多地。

于是，他买了地，在这里养奶牛，种果树，还养过26只孔雀。不久这个地方的旅游业迅速发展，地价也一路飙升。现在这个地已经被开发了，建有两个五星的旅馆，有400多幢花园洋房了，几十年以后居然涨了5000多倍。

单声又举了个例子，还是买房，就是他现在住的古老花园洋房。说起这栋房子还有一段鲜为人知的故事，有一天，他车子开过这一条路，看到这座房子很特别，房顶是圆的，他"能掐会算"，估算这座房子非同寻常。

果然不出所料，这座房子藏着一个巨大秘密，原来是英国近代非常著名的画家埃德温·朗住过的，是当时非常有名的建筑师勃伦莫夫建的代表作品。朗生活在1800年前后，他的画在当时就卖到了七八千英镑一幅，建这栋房子花了1700英镑。而单声花的代价远远低于其价值，现在成为价值连城的传世家产。

单声感叹道，华人在海外创业非常艰辛，竞争非常残酷，有时一丁点也不能错算、漏算，一定要精算、细算，算本钱、算回报，算风险的程度，算成功的概率。口算、心算都很重要，算得快、算得准，就能当机立断，否则就会错失良机。只有算过对手，才能赢过对手，这叫"胜算"。更绝的是"妙算"，是高手过招。

　　单声说,中国经济发展得这么快,一枝独秀,这是全球华人的骄傲。他坚信,中国不会垮,因为中国人是全世界最有智慧的人,能长袖善舞,能"借东风"。"算"是中国人的传统文化,是智慧的象征。

全球女性研究应用《孙子》独领风骚

　　华人世界中第一位将兵法用于生活中的女性学者、台湾科学委员会研究员严定暹，以女性独有的风采，传授《格局决定结局：活用〈孙子兵法〉》；她用女性的审美眼光和思维方式，把枯燥乏味的兵家文化融入了现实生活。

　　像严定暹这样既有女性风范，又懂孙子智慧的才女，在全球独领风骚。朱津宁是国际畅销书作家、著名讲演家，曾与美国前总统卡特和英国前首相梅杰同台演讲。她从理性角度分析兵法，形成了女性学者的鲜明个性特色，把东方的灵性潜力，转化为生存竞争的武器。她的《新厚黑学之孙子兵法：先赢后战》等被译为17种语言，共有60多国读者。世界最

全球女性研究应用《孙子》独领风骚

大书店鲍威尔书店老板迈克·鲍威尔称，朱津宁为成年人生活和事业撰写了一部权威性的教科书，它应成为美国每一所学院和大学一门必修课的指南。

中国台湾女军事评论员田金丽告诉记者，她20多年前还在上大学时就读《孙子兵法》，曾参与孙子"全胜"论坛，给企业讲了20多场《孙子与商战》。在台湾电视台发表评论时，经常引用孙子的警句，如"知彼知己"、"避实击虚"、"水无常势"等。据韩国媒体的披露，精通中文的韩国女总统朴槿惠，她从小学时便开始熟读中国的《三国志》，还熟读了《孙子兵法》等古代中国兵法书籍。她经常在私下表示说，中国的《孙子兵法》上讲到"百战百胜，非善之善者也；不战而屈人之兵，善之善者也"，她非常欣赏这些理念，因为它是军事中的经典。原来，朴槿惠引用的兵法出自中国古代最著名的军事著作《孙子兵法·谋攻篇》。

《孙子兵法》在韩国女性包括家庭中广泛传播和普及，并融入韩国的社会文化生活中，在韩国几乎家喻户晓。很多韩国人家中"家训"的内容多来自《论语》、《孙子兵法》。《恋爱兵法》在韩国KBS电视剧频道播出，这是一部偶像剧的高端作品，吸引众多韩国女性观看。在韩国，何止《恋爱兵法》，"家庭兵法"、"韩国大妈兵法"、"冰箱泡菜兵法"，在韩国也演绎得十分精彩。

在韩国，韩国大妈是很厉害的。万道公司选择2000名韩国大妈作为调查对象，设立了两个条件：一个是给韩国大妈免费试用泡菜冰箱三个月，然后把冰箱还给公司；另一个条件是使用三个月后，半价购买冰箱。结果让万道公司喜出望外，2000名韩国大妈都购买了冰箱，没有一个归还。泡菜冰箱的发明与市场调查不仅充满了女性兵法的神奇，而且在使用泡菜冰箱中也同样充满了女性兵法的威力。由于诞生了泡菜冰箱，以韩国大妈为主力军的泡菜店如雨后春笋，在韩国遍地开花。

被誉为蒙古高原"汉语花"的蒙中友谊学校校长江仙梅，祖籍河北，在蒙古长大，毕业于这所华侨学校，并在该校多年负责文教宣传，担任校长将近15年。她在接受记者采访时说，作为一名女性，既不能忘掉"老子"，也不能丢掉"孙子"。她们华侨学校重视在蒙古华侨孩子和蒙古学生中传播中国传统文化，老子的道家、孔子的儒家、孙子的兵家思想，这些中国经典文化都传授，学生们都很有兴趣，优秀学生尤其喜欢。

法国战略研究基金会亚洲部主任瓦莱丽·妮凯，是一位富有传奇色彩的法国女性战略学者，也是法国著名的孙子研究学者。她翻译出版的最新版《孙子》，在法国各大书店热销，电子版《孙子》新鲜出炉，引起法国政界、军界、商界和民众的高度关注。谈起为何会与《孙子兵法》结缘，妮凯说，她是从喜欢中国的文言文、研究汉语开始，喜欢中国古代文化，再喜欢并研究孙子的。20多年来，她一直在进行孙子研究，从没有间断过，还研究中国战略思想、《孙子兵法》对当代战略的影响。

在西班牙马德里大学马康淑博士的办公室里，醒目地挂着她与中国兵马俑合影的照片。她每年都要去中国进行学术交流。西安临潼兵马俑博物馆，她去了不下八九次。她看到兵马俑的壮观场景，对博大精深的中国兵家文化很惊奇。她认为，西班牙的《智慧书》是处世经典，而中国的《孙子兵法》不仅是军事经典、哲学经典、经商宝典，更是全人类的智慧宝库。

意大利主流媒体《信使报》总编辑陆奇亚·波奇说，把孙子文化融入生活，更能体现孙子的现代价值、生活价值。她家里也收藏了三本《孙子兵法》，她很喜欢研读。孙子不仅是男人们享用的专利，也是现代女性的武器。

意大利文《孙子兵法》女翻译家莫尼卡·罗西也持有同样的观点，她认为，《孙子兵法》原来主要是为男人写的，因为女人在古代战争中没有地位。而现在不同了，《孙子兵法》可给任何人读，只要是为了立于不败之地的人，都可以读，都可以应用。

像这样热衷于翻译《孙子兵法》的女翻译家，在欧洲不是一个，而是一个群体，不少欧洲版本的《孙子兵法》均出于女性之手。在欧洲，孙子研究者中的女性逐渐增多。这一现象表明，与男性一样，女性对孙子的智慧同样热衷，对将孙子文化融入生活更有兴趣。

女人的武器不可轻视，"柔性攻势"有时比"刚性攻势"更能解决问题，正如孙子所说，"柔弱胜刚强"。法国著名《周易》和《孙子》学家夏汉生说，孙子提倡"以柔克刚"，在中国古代，"柔"与"刚"都是武器，"柔"是钩，"刚"是剑，在战场上，有时钩比剑的作用和威力要大。

　　确实,日本的女忍者、女柔道运动员,韩国女跆拳道手都学《孙子兵法》,还会背孙子警句;俄罗斯艺术体操个人全能冠军纳耶娃也喜欢读《孙子兵法》;德国美女剑客布丽塔·海德曼就从《孙子兵法》中领悟此剑法。她说,要成为一名真正的剑客,就要懂兵法。

美籍中国智慧女人懂兵法会妙算

在纽约曼哈顿街头，记者看到高楼大厦上有中国女人融入美国社会的招贴画，十分醒目，让路人不时抬头仰望。这幅画使人想起周励撰写的《曼哈顿的中国女人》，曾给人带来巨大的震撼。如今，又有着无数优秀的中国智慧女人，在美国创造了非凡的业绩。记者在美国采访期间，听到了许多有关她们的故事。

朱津宁是国际畅销书作家、著名讲演家，曾与美国前总统卡特和英国前首相梅杰同台演讲。她又是著名策略家，曾担任美国策略研习协会主席、亚洲市场开发顾问公司总裁。她为可口可乐、通用汽车、微软、波音等世界500强企业提供咨询和员工培训，被认为是东方谋略和策略方面的专家。

20世纪70年代，朱津宁从中国台湾移居美国时，只带了两本书，一本是《孙子兵法》，再一本就是《厚黑学》，这两本研习了很多年，使她成功在美立足，成为著名的东方策略学者。她把东方的灵性潜力，转化为生存竞争的武器。她主要从理性角度分析兵法，形成了作为女性学者的鲜明个性特色。

她的著作包括《新厚黑学》、《新厚黑学2：不劳而获》、《新厚黑学之孙子兵法：先赢后战》等，由英文原著被译为17种语言，共有60多国读者。世界最大书店鲍威尔书店的老板迈克·鲍威尔称，朱津宁为成年人的生活和事业撰写了一部权威性的教科书，它应成为美国每一所学院和大学的必修课的指南。

同样精于妙算的还有天资聪慧的华裔女企业家曾毅敏，她是拥有数千华裔精英会员的硅谷华源科技协会历史上唯一一位女性主席，堪称硅谷华裔女性企业家中的翘楚。

2005年2月8日，中国农历大年三十。曾毅敏以网络公司首席执行官的身份与全球网络设备龙头老大思科公司签署了一份收购合同，使得公司市值从两年半前最初投资时的650万美元一下跃升到6500万美元，翻了10倍，这在经常创造神话的硅谷第一次创造了华裔女企业家的神话。

硅谷当时还处在"9·11"事件和互联网泡沫破裂后的阴影中，硅谷几乎每天都有公司倒闭。而曾毅敏偏偏选择在这么一个非常时机自立门户，她精于计算、善于抓住机遇，展现了华裔女性过人的智慧和胆略。

在美国被传为美谈的，陈李琬若成为美国历史上第一位华裔女市长，先后出任福特、卡特、克林顿三任总统的政府高级顾问，曾被克林顿总统褒奖为"具有东方文化教养的美国政坛魅力女神"；董继玲担任美国商务部少数族裔商业发展局副局长，成为继美国劳工部长赵小兰后又一位在美国政坛崭露头角的华裔女性。

西方孙子研究学者称，《孙子兵法》不只是写给男人的，女性研读和应用孙子与男性有不同之处，具有女性独特的审美眼光和思维方式，更为周密精细，更善于妙算，也更能融入现实生活和事业之中。孙子提倡"以柔克刚"，在中国古代，"柔"与"刚"都是武器，"柔"是钩，"刚"是剑，在战场上，有时钩比剑的作用和威力要大。在商场上也一样。正如美中国际基金会负责人周佳莉所说，美国女性企业家很关注《孙子》在商战中的运用。

民国著名兵学家李浴日在美国的儿女

"先父李浴日是民国时期中国著名的兵学家，现代中国兵学理论体系的倡导者和构建人，现代中国文人介入兵学研究的先驱。"李仁雄在接受记者采访时，对父亲崇拜有加，对父亲的成就如数家珍。

李仁雄是民国时期《孙子兵法》研究第一人李浴日的次子，生在南京，长在台湾，台湾交通大学毕业，美国乔治·华盛顿大学计算机博士，现在波士顿服务美国甲骨文公司，专攻电脑科学。他说，家父博学多才，毕生尽瘁兵学，在民国兵学领域，他的研究堪称多个第一。据不完全统计，他译著兵书12种，达160余万言，集中国2000年来兵书之精华数十种，编成《中国兵学大系》。

他兄妹5人均旅居美国。长兄李仁师，台湾大学毕业，美国加州理工航空工程博士，弗吉尼亚大学生物医学工程系主任，美国生物医学工程学院院士，曾任全美生物医学工程学会主席，现退休，在美国南加州任某生技公司总裁；姐李仁芳，台湾大学毕业，美国纽约大学心理学硕士，现任某网络软件研发公司副总裁；妹李仁美，台湾大学毕业，美国弗吉尼亚大学药学博士，计算机硕士，现服务纽约州政府；弟李仁缪，台湾大学毕业，美国小动物临床医师，现服务美国国家卫生研究院，从事实验动物基因转植研究。

李仁雄告诉记者，有一天，他在网上用中文谷歌搜索先父"李浴日"出版过的书籍，意外地发现竟有800余连线。先父已于1955年在台湾过世，看到他在中国兵学上的研究和著作，竟能在50多年后被人们继续引述和检讨，非常惊讶。有一位网友说他读过他先父的著作《孙子兵法新研究》16次，这是对他个人最有助益的三本好书之一。于是，这激起了他将《孙子兵法》著作重新研究的决心。

"小时候家里多珍藏先父出版和编译的军事书籍，最珍贵的就是他收集的中国古兵书。"李仁雄感慨地说，"现在再读先父的书，虽然他音容已稀，但也勾起了自己对他的无限怀念，我打算成立李浴日基金会，并建立网站，把先父的著作放在网络上与世人共享。于是，我把这个想法告诉了兄弟姐妹后，他们也都非常赞同。"

弟弟李仁缪更是自告奋勇，拟定了李浴日基金会的宗旨和章程。基金会是非营利性公益组织，它的宗旨是纪念并延续李浴日研究古今中外兵法的志业；阐扬"孔孟为体，孙武为用"的中华哲学，促进个人修齐治平；联合世界有志之士，发扬《孙子兵法》和中国兵学思想，富国强兵，进而在国际合纵连横，消除兵戎，促进全人类共进世界大同。2008年2月，李浴日基金会和世界兵学社在美国马里兰州正式注册。

李仁雄介绍说，他们的第一个目标是把《孙子兵法新研究》和《孙子兵法总检讨》编成电子版，将先父手创、先母开展的世界兵学社在网上公开发行，作为先父的百年冥诞献礼；第二个目标把先父的兵法书籍系统整理出来，把遗漏的历史资料挖掘出来，出版《李浴日全集》；第三个目标是把先父的全部著作翻译成英文。

目标确定后，他们兄弟姐妹分头努力，密切配合，展开了网站运作和书籍出版，侄女李佳玲也加入了行列，负责网站的设计制作。到目前为止，前两个目标已初步实现，李浴日著作电子版及"李浴日生平事迹"、"世界论坛"、"我的博客"已上线，《李浴日全集》今年已出版了两部，第一部是《兵法》，第二部是《战略》，第三部是其他方面的论述，准备今年年底出版。全集约100万字，准备放进美国图书馆。第三个目标将其翻译成英文书，也在进行之中。

李仁雄对记者说："作为民国著名兵学家李浴日在美国的儿女，传播中国兵家文化既是一种夙愿，也是一种责任。我们

《李浴日全集》

要继承先父的遗志，传承中国兵家思想，回馈海内外的《孙子兵法》研究机构及孙子崇拜者和爱好者，使《孙子兵法》在全世界发扬光大。"

美国最早"海归"吴瑜章的中国兵学梦

"大家都读《孙子兵法》，每个将军打仗最后的结果不一样。如果大家都是读一样的兵书都打一样的仗，那么份额你可以取10%，我也10%，大家都差不多。如何在这几年从无到有，从很弱的地方，而且一无兵二无粮三无草，面对竞争对手比我们大可能七倍十倍的情况下，怎么能够循序渐进占到这样的份额，还能保持不断扩大的战果，那就有意思了。"这是北京大学研究生会举办的"市场战争学与《孙子兵法》——吴瑜章专场演讲会"上的一段经典演讲。

吴瑜章最爱读的一本书就是《孙子兵法》，曾将孙子谋略游刃有余地运用在沃尔沃卡车运营上。吴瑜章说："市场就是战场，不懂市场战争学的企业家，不可能带领企业在长期的市场竞争中取得最终的胜利，不懂《孙子兵法》的企业家，不可能是真正的成功者。"他"孙子与市场实战案例"的精彩演讲，博得北大师生们的满堂喝彩。

美籍华人吴瑜章，生在北京，14岁赴美留学，获美国亚利桑那州立大学国际市场学和计算机硬件学士学位、新泽西州立大学工商管理硕士。他在接受西方人长于分析、统计的商业管理思想的同时，酷爱中国《孙子兵法》、《毛泽东军事战略思想》等东方智慧，汲取东方谋略之精髓。他携计算机、国际市场双学士学位和EMBA学位回国创业，成了中国最早的"海归派"。

回国后，吴瑜章曾任美国奔达可公司驻中国首席代表、沃尔沃卡车公司大中国区市场总监、副总裁兼首席运营官、沃尔沃（中国）投资有限公司副总裁，现任帅车有限公司董事长兼首席执行官。在吴瑜章的执掌下，三年时间，沃尔沃卡车大中国区实现了传奇式跨越，连续八年保持在欧美品牌卡车中销量第一的位置，卡车销量猛增30倍，替代日本成为欧美进口重卡的老大，被外界称为"沃尔沃中国掌门人"。

吴瑜章研究领域为兵家市场战争学理论、通家得胜学理论、宏观经济学、现代成功学、现代管理学、沟通学、跨文化研究。个人专著有《渠成，水自到——通字诀的得胜学》、《市场战争学与孙子兵法》、《循环经济，高速增长——中国从大到富》、《均衡发展和谐增长——从大到富的强国之路》、《中国对美国意味着什么：过去与现在》、《物流：亚洲联网世界》。

吴瑜章说，半部《孙子兵法》打江山。特别是在今天中国商战中从一统"周天子"天下的局面向"春秋"，再飞速向"战国"发展的时代，《孙子兵法》对企业家们更具有深远的指导意义和实际的使用意义。

他在写一本《〈孙子兵法〉与市场战争学》的书籍，将孙子思想作为管理者的"充电器"和获取经济利益的"方法库"。他开创了全新"中西兼容、贯通古今的中国式营销管理哲学"，即吴氏"兵家"营销管理哲学。

《孙子兵法》里的主动前瞻就是妙算，未战妙算者，得算多也。事先算好了能胜才可能胜，如果事先算的时候就心存侥幸，比如做市场调查进攻之前就说"我先上了再说"，那多数情况下是胜不了的，就算胜了，也长久不了。中国很多企业在业界各领风骚两三年，但多数"哗"的上去了，也"哗"的下来了，这样的企业，估计之前都是心存着侥幸算的。周围有很多人，也学过MBA，明明算了这些模型以后知道是不能成功的，但他们还是要上，要蒙一下。

市场用的全是军队语言，进攻、迂回、攻击、防御。市场学真正的内涵是公司间的对抗，而不是满足客户的需求和要求。战略管理大家学了很多，规划、政策、执行、结果，这个很简单。首先要知道我们是在哪个战场上打仗，能够在哪个战场上打仗。今天想立一个卡车公司跟我们竞争，要想想这个是不是你所能及的。

市场分析重要，竞争者分析更重要，不知道竞争者在哪里，就无法进行战略定位，不知道对手在哪里，要赢得这片市场、占领这片地方，是绝对不行的，想成功也是不太可能的。市场战争学的中心思想模式，主动前瞻模式，不是被动反应模式。

孙子说的警句，没有遗漏管理学所覆盖的东西，如"主孰有道？将孰有能？天地孰得？法令孰行？兵众孰强？士卒孰练？赏罚孰明？吾以此知胜负矣"。其实就是说在竞争中如何执行的问题。管理系统的清明、领导的能力、天时地利规章制度的严密和执行，对企业至关重要。

《孙子兵法》讲审时度势，先谋而后动。在吴瑜章看来，做企业首先要了解市场，机会稍纵即逝。不是钱不够，就是人不够，永远是资源不够。能力是建立在资源之上，还需要时机合适。在商场里一定要灵获机动，一定要快速地做出反应。

"知彼知己，百战不殆。"你一定要确定你在这个市场的位置，就像攻山头，市场就像这个山头，你到底在这个市场是什么位置，我们都想当老大，但你是不是真是老大？通过资源、能力一分析，你就知道到底是不是了。

兵无常势，水无常形。能因敌变化而取胜者，谓之神。1997年，吴瑜章和沃尔沃卡车的一个经理刚刚来到公司，沃尔沃卡车的品牌不是最好的，价格也比别人高，但最终是如何取得胜利的？吴瑜章不无得意地说："关键在于我们的佯攻，使敌人的有生力量被我们消耗掉了。我们是在捡掉了满地的谷子，甚至是对手打仗，我们捡谷子。"

加拿大科学院院士称祭拜孙武墓是人生最大夙愿

2013年5月12日，孙武后裔、加拿大皇家科学院院士孙靖夷偕夫人来到《孙子兵法》诞生地苏州，祭拜了位于相城区的孙武墓，考察了当年写传之后世的兵学圣典的穹窿山茅棚坞、孙武书院和吴宫教战的二妃墓等孙武遗迹，还考察了位于太湖边的《孙子兵法》进校园典范——苏州香山中学。

孙靖夷曾任加拿大图像处理和模式识别协会主席、国际中文计算机协会主席、国际模式识别学会会长、加拿大标准化学会、OCR委员会主席。目前是Concoria大学CENPARMI（模式识别和机器智能研究中心）主任。自2001年开始，任Concordia大学人工智能和模式识别方面的高级讲座教授。

今年71岁的孙靖夷出生在广东中山，从小长在香港，在香港大学获得了硕士学位，在加拿大British Columbia大学获得了博士学位。1972年，他进入Concordia大学计算科学系就职，1979年成为该系教授，1980年至1984年担任该系系主任，1993年至1997年任工程与计算科学学院副院长，负责该院的研究工作。迄今为止，他指导和接待了65位访问科学家和教授，培养了60多名博士和硕士研究生，在多个大学和工业机构应邀做报告150多次。

孙靖夷介绍说，孙子从齐国来到吴国，写下了《孙子兵法》十三篇，苏州是孙子的功成名就之地，也是终老之地。他的家乡广东中山是孙中山的故乡，孙中山也是孙子的后裔，和三国的孙权是同一个支，孙权是孙子的第22代孙，他应该是这个支的。

孙靖夷移居加拿大45年，他一直有个心愿，就是要祭拜老祖宗孙武。上午一到了苏州，他就来到了绿树成荫的孙武墓，献上鲜花，闭上眼睛，默默祈祷，并与夫人在孙武墓合影留念。祭拜了孙武后，孙靖夷不无感慨地说，他几十年的夙愿终于实现了。

苏州孙子兵法研究会的负责人拿出设计图纸向孙靖夷介绍说，孙武墓扩建工程目前正在抓紧进行中,这里将建孙武公园和孙子文化展示馆,让全世界的孙武后裔前来祭拜。孙靖夷听了很高兴,连声说:"非常好,非常好!"

    孙靖夷在接受记者采访时表示,孙子非常伟大,他是一个站在世界兵学巅峰的高人。现在全世界都在研读《孙子兵法》,并应用于各个领域,作为孙武的后裔,他为之骄傲。他在加拿大也买了好几本《孙子兵法》,也在研读。他说:"《孙子兵法》在全世界影响这么大,非常了不起!"

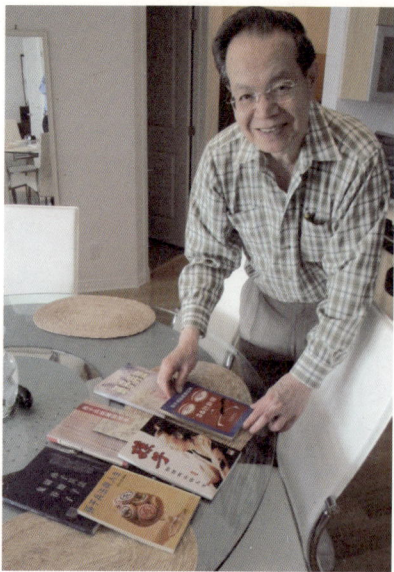

加拿大皇家院士的《孙子兵法与人生》

    孙靖夷参观了苏州香山中学《孙子兵法》进校园的图片展时显得很激动,他的故乡中山原名就是香山。他在给香山中学题词中写道:"香山同学,大家努力,不断上进,造福世界,发扬孙子精神。"

澳洲华裔丁氏三兄弟热衷中国孙子

2013年4月，澳大利亚苏州总会会长丁兆璋一行，与苏州孙武子研究会、苏州市孙子兵法国际研究中心及苏州吴中区孙子兵法研究会代表共同签署了关于《孙子兵法》文化研究与交流合作会谈纪要，加强和促进中澳两地孙子文化研究交流与友好往来，将筹建南半球第一个澳大利亚孙子兵法研究会。

丁兆德、丁兆璋、丁兆庆出生于古城苏州的名门望族，母亲的娘家是书香门第。从《孙子兵法》诞生地苏州走出的丁氏三兄弟，长期以来在澳洲弘扬着包括兵家文化在内的中国传统文化。三位老人不仅自身懂孙子、敬孙子，更希望通过自己的努力让华人社区的孩子们和澳洲人也能够知道孙子。

大哥丁兆德是澳大利亚华人中小有名气的孙子研究学者，他在澳洲华人社区开设孙子讲座，举办孙子文化展览，在华文媒体刊登大量有关孙子文章，并与国际孙子兵法研究机构和专家学者保持了联系，为传播孙子文化做了许多工作。

担任澳大利亚悉尼大学高级专家、中国燕京华侨大学教授的丁兆璋，与《孙子兵法》的诞生地苏州穹窿山有着特殊的感情。母亲十月怀胎时，正值战火纷飞的抗战时期，不得已逃到苏州穹窿山下的一个农庄里，在一

本书主编与澳洲华裔丁氏兄弟

棵大树下生下了丁兆璋。

丁兆璋计划与苏州加强孙子文化研究交流，不定期派出专家学者访问、讲学、交流、培训；并与悉尼大学合作，开设《孙子兵法》课程，举办孙子文化展览，把博大精深的中国兵家文化在澳洲人中传播，在澳洲掀起"孙子热"。

丁兆庆是著名的华人漫画家，被张乐平收为关门徒弟，使他的漫画创作不断成熟。他随后陆续发表了一千多幅作品，张乐平称赞他为"较有作为的年轻艺术家"。1986年初，丁兆庆移居澳洲，曾在悉尼大学讲学，举办画展，后在报社担任编辑，其间频频发表漫画于中英文报刊上，并从事绘画教育。

"我配合大哥丁兆德在澳洲传播《孙子兵法》，做了些力所能及的工作，主要事情都是大哥做的。"丁兆庆谦虚地对记者说。其实，从孙子文化展览到开设孙子讲座，许多书法、照片及宣传、推广都是丁兆庆默默无闻做的。他还关注澳洲报纸刊登的有关孙子的文章报道，剪贴下来给大哥做参考资料。丁兆庆说："支持大哥传播孙子文化，我乐此不疲。"

丁兆璋向记者表示，澳大利亚是一个多元文化社会，现有华人80多万，已成为这个多元文化大家庭最重要的成员之一。澳大利亚对中国传统文化很有兴趣，将建造"中国传统文化"主题公园，"21世纪中华文化世界论坛"首次走出亚洲在澳大利亚举办。作为从小生长在《孙子兵法》诞生地的苏州人和澳洲华人，向澳洲传播中国传统文化是应尽的使命。

英国留学生称《孙子兵法》影响现代人

　　英国剑桥镇孙子研究中心的周佳妮，是一位80后出生的中国女留学生，稚嫩可爱的脸上洋溢着青春的活力。但谈起中国老祖宗留下的宝贝《孙子兵法》时，她却头头是道，一点也不含糊：这部享誉中外的智慧宝典战争理论与现代经济管理理论有着契合点，现代人也能从中汲取智慧。

　　周佳妮坦言，我们这一代人与生长在战争年代的人不一样，习惯于和平环境，不能正确理解战争与和平。孙子的思想，对全世界的现代人有着重要意义。现在人类已经有了核武器，大国爆发核战争能够相互毁灭，所以最好还是采用孙子不战而胜的方法，这是当今世界上最高的战略思想，也是战争与和平的最高的境界。

英国剑桥镇孙子兵法研究中心周佳妮

　　"《孙子兵法》流传2500年，在全世界有那么多'粉丝'。"周佳妮说，关键在于孙子思想有精辟的哲学见解，不仅指导打仗有用，在今天充满竞争的社会中也同样有重要价值。企业界对它的关注远远超过以往，许多经济管理院校和研究机构都将其作为重要的教学内容，围绕它开设了受到全球普遍欢迎的课程，出版的有关研究、应用的著作和普及读物的数量也相当可观。

　　周佳妮笑谈，"兵书不止言兵"，在同属于对抗性竞争的社会生活中,孙子总是"出现"在那里;在商场上、职场上、竞技场上,孙子经常"陪伴"着大家,使人们从中汲取智慧的力量。在全球化、信息化的时代,孙子仍影响着现代人。

当前中国面向世界,孙子的"伐交"思想就能创造良好战略环境。周佳妮感悟到,如何建立一个公正的国际秩序,《孙子兵法》的一些要领直到今天仍是正确的。孙子那高度的理念性、境界性和战略指导思维方式,还启迪现代人,影响现代人。

作为现代人,要以正确的观念弘扬古老的文明成果。周佳妮认为,中国许多优秀传统文化被西方推崇,全世界发达国家都高度认可。我们是现代的中国青年,普及《孙子兵法》,学习孙子智慧,吸取中华文明精髓,会增加中华民族凝聚力。

周佳妮自豪地说:"我们不能不说,2500年以前的孙武,为我们中国人也为全世界留下了一笔伟大的智慧财富,它影响了我们的过去、现在和未来。"

黄朴民谈孙子智慧对现今社会的八大启迪

中国人民大学国学院执行院长、教授、博士生导师黄朴民表示，《孙子兵法》是世界上第一部现存的完整兵书，更难能可贵的是，这是一本超越军事的兵书，是一种在一切竞争领域都可以运用的智慧，所蕴含哲学层面的智慧对现今社会很有启示。

黄朴民认为，《孙子兵法》的精华蕴含了五大关系的智慧。"力与谋的关系"告诉人们谋略与实力相辅相成；"利与害的关系"指出任何事物都是利弊相杂的；"全与偏的关系"告诉人们舍得的道理；"势与节的关系"其实是度的关系；"常与变的关系"强调了稳定性和变化性的关系。《孙子兵法》的常和变是一个大思路，告诉人们怎么来看待经典、看待传统文化，看待今天和过去之间的连接。

孙子所探讨的主题立足于军事，同时又超越于军事，提升到哲学层面。在孙子看来，任何事务都是利弊相杂的，世界上没有免费的午餐，利和害如影相随。在孙子看来，最大的智慧就是驾驭利害的智慧：要看根本也要看枝节，要看长远与眼前、局部与全面的关系。

黄朴民说，《孙子兵法》里面的一些思想对我们今天成就大事都是有帮助的，孙子从哲学的高度告诉我们，怎么把握一个度，怎么辩证地看待问题。真正把《孙子兵法》从军事学的著作升华为哲学的著作，给我们的人生、给我们的工作增加一点助力，这才是《孙子兵法》的真正价值之所在。孙子主要给了现今社会八大启迪。

第一个启迪是全局意识。中国古代有一句话，叫作"不谋全局者，不足以谋一域"，《孙子兵法》考虑所有问题都出于系统性、全局性。

第二个启迪是重点意识。孙子强调，看问题必须关照全局，但是做事情必须找到合适的切入点，抓重点，抓关键，然后中心突破，以点带面。比如说"无所不备,则无所不寡",这就是重点意识。

第三个启迪是创新意识。《孙子兵法》最大的特点就是对原来兵法的一种革命。孙子说"兵以诈立,兵者诡道",没有虚套的东西。就是说孙子是创新的,对于原来的陈规的战法,他敢于突破。

第四个启迪是机遇意识。孙子强调不能守株待兔,要善于抓机遇,没有条件要创造条件。所以我们可以看到,他强调隐瞒真相,伪装假象,引诱敌人来上当,静如处子,动如脱兔,我觉得这些都是他对机遇意识的强调。

人民大学教授黄朴民

第五个启迪是主动意识。兵无常势,水无常形,没有规则,就是最高的规则,就是唯一的规则。孙子的最大愿望,是大家学了兵法后,最终的宗旨是"忘掉"兵法。这才是出神入化、炉火纯青。

第六个启迪是优势意识。优势意识也就是"实力至上"意识。"胜可知,而不可为",讲的就是这层道理。要立于不败之地,方能"不失敌之败也"。要战胜敌人,前提是做大、做强自己。所谓"胜兵以镒称铢,败兵以铢称镒"。这样,方可"致人而不致于人",牢牢把握战争中的主动权。

第七启迪是偏锋意识,就是反向意识。一个战略家成熟不成熟往往是通过偏锋意识体现出来的。

第八个启迪是忧患意识。任何事物都是利中有害,害中有利的,有一利必有一害。不利的情况下看到有利的因素,你就可以坚定信心,坚持下去,最后实现战略目标。

图书在版编目（CIP）数据

《孙子兵法》与社会生活 / 韩胜宝主编. — 苏州：
古吴轩出版社，2016.5
（孙子兵法全球行系列丛书）
ISBN 978-7-5546-0665-0

Ⅰ.①孙… Ⅱ.①韩… Ⅲ.①《孙子兵法》—应用—
社会生活—通俗读物 Ⅳ.①C913-49

中国版本图书馆CIP数据核字（2016）第078662号

责任编辑：洪　芳
见习编辑：徐　铼
装帧设计：杨　洁
责任校对：陈　盼
责任照排：刘　浩

书　　　名：《孙子兵法》与社会生活
主　　　编：韩胜宝
出 版 发 行：古吴轩出版社
　　　　　　地址：苏州市十梓街458号　　　　邮编：215006
　　　　　　Http://www.guwuxuancbs.com　　E-mail:gwxcbs@126.com
　　　　　　电话：0512-65233679　　　　　传真：0512-65220750
出 版 人：钱经纬
印　　　刷：苏州市大元印务有限公司
开　　　本：787×1092　1 / 32
印　　　张：6
版　　　次：2016年5月第1版　第1次印刷
书　　　号：ISBN 978-7-5546-0665-0
定　　　价：39.00元

如有印装质量问题，请与印刷厂联系。0512-68618609